Kakuichi Institute Holistic Study Series

CARING ECONOMICS

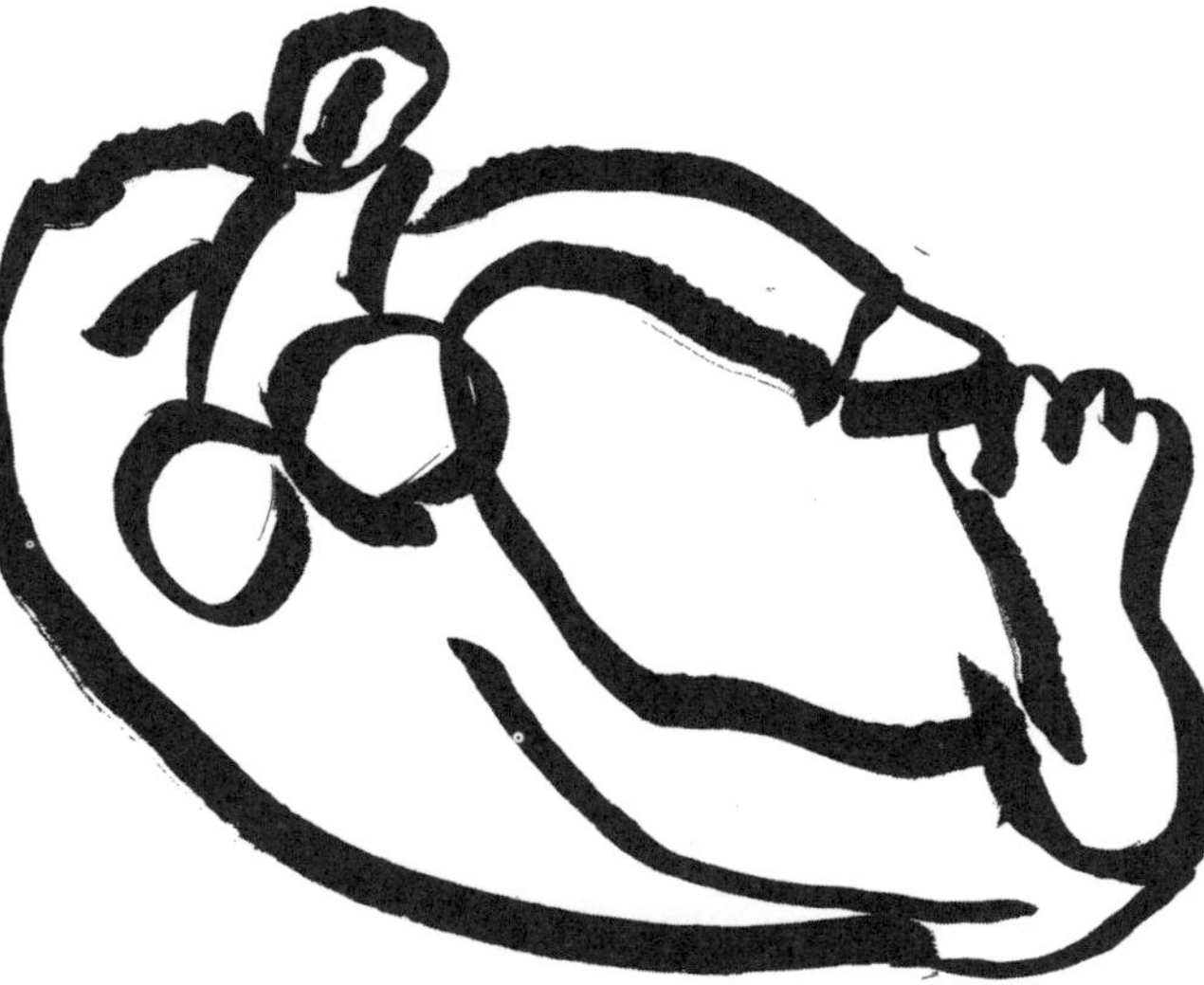

思いやりの経済学

ダライ・ラマ14世と先端科学、経済学者たち

マチウ・リカール／タニア・シンガー 編

辻村優英 訳

ぷねうま舎

はしがき

ダライ・ラマ一四世

現在、私たちはまさしく互いにつながった世界で生きています。今日のグローバル経済において、国や大陸を越えて人々の運命は深く絡み合うようになってきました。この未曾有の経済統合は、多くの人々に繁栄をもたらし、生活水準を高めました。しかし、貧富の格差が拡大していることは否めません。これは、国家間だけではなく、一国内でも同じです。

富める者と貧しい者との格差をどう縮めていくのか。これについて考えると、多くの問題が出てきます。経済システムをより公平にするためにできることは何か？　市場の見えざる手が自律的な効率性を確保するだろうという近代資本主義システムの基本的な前提は、現在のグローバル化した世界でも有効なのか？　利他のような強力でポジティブな動機が経済システムに関与する余地があるのか、あるいは利己的な行動がより大きな報酬をもたらすという一般的な仮定が正しいのか？国民の経済成長を示すうえでＧＤＰ（国内総生産）は本当に最良の指標なのか？　こうした問題が浮上してきますが、何よりも重要なのは、経済システムと幸福の探求との関係を調べなければならないということです。

二〇一〇年四月に、マインド・アンド・ライフ・インスティテュート（Mind and Life Institute）の主催で、スイスのチューリヒに人々が集まり、こうした問題について二日間にわたる議論を行いました。その中心となるテーマは、「西洋経済システムのような支配的な競争システムにおいて、向社会的な動機や利他の妥当性はどこにあるのか？」というものでした。二〇〇八年の世界的な金融危機の後だったため、この問題の重要性が増していたのです。経済的意思決定、協力、向社会的行動、共感、コンパッション（他者が苦から離れるようにとの思い、共苦）といったものの基盤について研究している、心理学者、瞑想に関する科学者、神経科学者、それにイノベーティブな経済システムに関する研究者がこの会議に参加しました。この刺激的な会議に私が加わることができたのは、幸運なことでした。

経済学の分野で根本的な再考が必要であるということが、ますます明らかになりました。経済学はその地平を拡げる必要があります。より平等な配分や公平性の問題、そしてより大きな社会的・環境的影響について考慮しなければなりません。経済学における倫理とコンパッションが、等しく重要であるという認識が増しています。結局のところ、経済とは人間の活動なのであって、より大きな幸福へと促し、すべての苦しみを和らげるという基本的な目標がそこにあるのです。

この『思いやりの経済学』の出版によって、チューリヒの会議で行われた豊かで示唆に富む議論を、多くの関心のある人々と共有できることをうれしく思います。そして、会議やこの本の出版に携わった人々に感謝いたします。どのような経済システムが必要なのかという問いは、専門家だけでなく、私たち一人ひとりにも関係する問題です。新しい経済システムが現れることを私は望んでいます。それは、市場のダイナミズムと、そこから生まれた富の平等な配分に対する明白な配慮とを組み合わせたものです。こうした新しい経済システムをもたらすための契機として、本書で明らかにされた議論が役立つことを願ってやみません。

思いやりの経済学 ✣ 目次

III　経済システムへの向社会性の導入

序　思いやりの経済学に向けて

タニア・シンガー、マチウ・リカール
ディエゴ・ハンガートナー

最近のテレビや新聞で、金融危機の再来とその救済策に関する議論を目にしない日はありません。提案された解決策の多くは、問題の深層に対処するのではなく、単にいつも通りのビジネスを再開することを目指しています。ところが、人々はそのようなアプローチの欠点を知り、経済システムおよび個人や世界レベルでの行動について再考する必要性をますます強く認識しているのです。多くの人にとって、単に次の金融危機を予防するだけでは不十分なのです。世界中の青少年とその家族、学者、労働者、活動家、政治家は、より持続的で公正な思いやりのある経済を求めています。それは、少数のエリートの欲望に左右されることなく、コンパッション（他者が苦から離れるようにとの思い、共苦）と人道主義によって世界のコミュニティに利益をもたらし、将来の世代と生物圏の運命に対する長期的な配慮を備えた経済です。そうしたシステムは可能なのでしょうか。それはどのようなもので、いかにして私たちの世界を変えることができるのでしょうか？

二〇一〇年四月、ダライ・ラマ法王猊下《げいか》と、経済学、神経科学、哲学、瞑想実践、財界などのさまざまな分野の著名な学者たちがスイスのチューリヒに集まり、「経済システムにおける利他とコンパッション」という会議をマインド・アンド・ライフ・インスティテュートの主催で行いました。マインド・アンド・ライフ・インスティテュートは、心と現実の本質を探求するために、ダライ・ラマ法王猊下、科学者、哲学者、瞑想実践者の間で交わされる一連の学際的な対話の場を設け、それを通して地球規模でのウェルビーイング（良き生のあり方）を促す活動をしています。このような対話は一九八七年以来続けられており、物理学、宇宙論、生態学、倫理学から、「破壊的感情」や教育にいたるまで、幅広いテーマで探究されています。(1)

多くの点で、「経済システムにおける利他とコンパッション」会議は、マインド・アンド・ライフ・インスティテュートの最も野心的な会議の一つであり、神経科学者タニア・シンガーの夢でもありました。二〇〇六年にタニアはチューリヒ大学の研究プログラムに参加し、心理学者、神経科学者、経済学者を集め、人間の向社会性と協力の基盤について調査しました。この時までにエルンスト・フェール(2)のようなミクロ経済学者は、人々が経済的なやり取りのなかで公平性を考慮していることをすでに示していました。しかし、既存の経済モデルは、利己的な選好を前提とするものです。心理学で頻繁に研究されると同時に、高度に発展した仏教的実践の焦点でもあったコンパッションと利他的動機の概念は、経済学と応用経済の世界ではまだ異質なものだったのです。タニアは、これらの分野にまたがって、競争的な経済システムが人道的価値や向社会的な動機とどのように調和するのかを探究したいと考えました。彼女はマインド・アンド・ライフ・インスティテュートに自らのアイデアを提案し、マインド・アンド・ライフ・ヨーロッパ支部長のディエゴ・ハンガートナーと、フランス生まれの作家でチベット仏教僧のマチウ・リカールと力を合わせ、会議の計画が始まりました。

当初、仏教や瞑想の研究が、経済学の議論にもたらす可能性に疑問を持つ学者もいました。両者はかけ離れているように見えます。前者は、コンパッション、自発的に質素な生活を送ること、苦しみを減らすことに関心があり、後者は、物質的富や快適さと幸福の外的条件を追求することに関心があるからです。しかし両者には、重要な共通点があります。それは人間の幸福を促進するために設計されているということです。ではその目的は果たされたのでしょうか。タニア、マチウ、ディエゴは、これらの学問分野が集結して神経科学、哲学、ビジネスについて話し合えばどうなるのかということに関心を抱き始めました。物質的な繁栄と人間の幸福との両方をもたらすような経済システムを、会議の参加者は思い描けるのだろうかと。そして、この対話の試みは、経済システムと経済活動の本質についての洞察と、基本的に向社会的な存在としての「ホモ・エコノミクス」という新しいモデルとをもたらしました。

思いやりの経済に向けて

われわれは次の前提から出発する。すなわち、われわれが求めるのは幸福なのだから、その目的につながるものこそが最も価値のあるリソースだ、ということである。[3]

多くの人々は、お金の増減に合わせて幸福も増減するというように、両者が切っても切れない関係にあると考えています。より多くのお金と物を持っているほど、より幸せであり、逆にお金と物が少なくなるほど幸福も減少するのだと。ある程度、これは真実です。絶対的貧困から抜け出して、経済的な自由のある人たちは、ベーシック・ニーズを満たすのに苦労している人よりも幸福度が高いでしょう。しばらくの間は、収入が増えるにつれて、幸福も増します。[4]

しかし、その幸福はだんだんと増加しなくなり、最終的には頭打ちになります。一九六〇年代以降、世界中で収入が劇的に増加しましたが、幸福のレベルは停滞しています。このようになる原因の一端は、社会的比較にあります。私たちは、個人の成功を仲間との比較による相対的所得に基づいて評価する傾向があるため、集団内の所得の増加は必ずしも幸福の集合的増加につながるわけではありません。[5] これは、仏教の根本的な真理によっても説明できるでしょう。つまり、私たちの財産、銀行口座の残高、社会的地位など、外的条件に基づく幸福には限界があり、当てになるものではないのです。

新しい車を買ったときや昇給したときのこと考えてみてください。どのように感じましたか？　おそらく数週間あるいは数カ月が過ぎても、そのときの興奮と満足感は残っていたでしょうか？　おそらく残らなかったでしょう。問題は、そこから学ぶことでより深くて持続可能な幸福の源を求めるのではなく、私たちの多くが渇望と不満のサイクルに巻き込まれてしまうことにあります。最終的により多くのお金が生み出すのは、より大きな幸せではなく、さらにより多くのお金、次の車、より大きな昇給への欲望なのです。このサイクルは、貪欲、執着、そして自己中心的な利益を得るためにときには他人に害を与える欲求さえ生み出すこともあります。

物質的価値を第一に考える人々は共感に欠け、不幸であり、友人が少なく、内面の価値を重視する人よりも不健康であると、心理学者ティム・キャッサーの研究は示しています[6]。しかし、経済理論は長年、人々は根本的に自己利益によって動機づけられ、資本主義経済は人々に自分の欲望を促進する機会を提供することによってのみ機能しうると説いてきました。アダム・スミスは『国富論』で次のように述べています。「われわれが食事を望めるのは、肉屋や酒屋やパン屋の博愛心からではなく、彼ら自身の利益に対する関心からである。彼らの人間性にではなく、自己愛に訴えかけ、自分自身の必要性ではなく、彼らの利益について語りかけるのだ[7]」。同様に、新古典派経済学の基礎を築いた経済学者の一人であるフランシス・エッジワースは、「経済学の第一原則は、すべての行為者が自己利益によってのみ動機づけられるということである」[8]と述べています。
幸いなことに、これで話が終わるわけではありません。最近の研究によれば、私たち一人ひとりが、コンパッション、協力、利他のための大きな能力を持っています。[9]それは生物学的な気質でさえあるのかもしれません。お金とは異なり、これらの内面的リソース（資源）を生み出すのに限界はないのです。「愛のように……それらは無限」なのです。[10]
利他の実践を発展させ、促進するためには、それが何であり、どのように人間の繁栄に関係しているのかを明確に理解する必要があります。この会議の参加者が気づいたように、その立証は簡単ではありません。心理学や仏教のような瞑想の伝統では、利他は他者の利益のために行動する動機であるとされてきました。ただしこれは、コンパッションを伴う行為が行為者自身にも利益をもたらす可能性をも示唆しています。意図の中心が、自分自身をではなく、相手を助けることにある限り、やはりそれは利他なのです。
対照的に、エコノミストの第一の関心は、動機よりも、結果として観察された振舞いや行動にあります。自分自身を善人だと思えるからという理由で慈善団体に寄付する人のことを考えてみてください。おそらく、その行動は、ある種の利己的な行動（金銭的利益のため）を別の種類の利己的な行動（感情的な利益のため）に置き換えたものでしょう。しかし、行動経済学者や進化論者によると、たとえ自分自身の満足のためにそれをしたとしても、経済的なコストをかけて他の誰かに利益をもたらしたことには変わりないので、それは依然として利他なのです。

アダム・スミスが『国富論』で論じたパン屋が利他的だったらどうでしょう。彼はあなたが空腹で、お金がないと思っています。あなたの苦しみを和らげ、良き生を送れることを望んで、あなたにパンを与えます。この取引でパン屋は潜在的な収入を失いますが、他の何かを得ます。あなたがパンを受け取るのを見ると、彼の脳内報酬系が活性化し、喜びを感じるのです[11]。彼は、別の人が苦しんでいるのを見て苦しみを感じ、その苦しみの原因を取り除いたという点でも、彼自身が恩恵を受けているのです[12]。パン屋が何もお返しを期待せずパンを与えたのなら、たとえその行為によって自分の気分が良くなったとしても彼の動機は利他的だと言えます。もし彼が、自分の気持ちを良くしたり、自分の罪悪感を和らげたり、ケチだと批判されるのを避けたりするためにパンを与えたのなら、彼の動機は利己的です。しかしどちらの場合でも、空腹の人が満たされることに変わりありません。

他人の苦しみに直面したときには、動揺を招くような状況を見なくて済むようにかかわらないことを選ぶ人もいるでしょう。あるいは、そうした状況が自分の金銭的利益につながるかもしれないと思う人や、手助けしなければ罰があたるかもしれないと考える人もいるかもしれません[13]。助けを人任せにして満足している人もいるでしょう。たとえ大きな見返りがあったとしても、私たちは他人の苦しみを和らげるよりも、自分の苦しみを避けることにはるかに習熟しているようです。

では、人々が直接的かつ定期的に他人のウェルビーイングに貢献するシステムをどのようにつくればよいのでしょうか。私たちはみな、成功と失敗、そして見通しや決定に大きな影響を及ぼす社会的世界に生きています。二〇〇八年に世界経済が崩壊したときには、利己的な人々だけでなく、慈しみ深い人々もお金を失い、苦しんでいたのです。実際のところ、最も苦しんでいたのは貧しい人々でした。(14) 私たちはもはや自分自身を独立した存在と考えることはできません。私たちのウェルビーイングは相互に依存しているわけですが（これは仏教思想が長く支持している真実です）、文化、市場、世界中の人々がますます商品やアイデアを交換するにつれ、ウェルビーイングの相互依存性はますます強まっています。ダライ・ラマ法王猊下《げいか》はチューリヒでこう述べました。「私は『彼ら』という概念をなくすべきだと人々に伝えています。『私たち』で十分なのです。全世界は『私たち』の一部なのです。……経済的にも、そしてあらゆるレベルにおいても、私たちは彼らを必要としているのです。私は幸せを望んでいます。それを実現するために、私はあなたを必要としているのです(15)」。

世界は金融システムの劇的な方向転換を必要としています。私たちは、経済的利益の内面的・社会的・環境的なコストを考慮する必要がありますし、逆もまた然りです。これまでの瞑想研究から、心の訓練を通して脳の神経経路を文字通り変えられることが明らかにされています。(16) 私たちは現在のシステムを超えて、よりホリスティック（全体性・全体的）で思いやりのある経済を創り出すことができるのです。

ほとんどの人にとって、すべてを与えることそれ自体が答えではありません。理解すべきなのは、どのように与えるか、すなわち与えるという行為をできるだけ効果的にする動機、状況、実践についてなのです。それは単純ではありませんが、本書で提示された研究は私たちに大きな希望をもたらしますし、利他は学び育み得るものであり、そこから得られるものが大きいことを私たちに伝えています。私たちは、経済的な政策と行動を世の中のためになる力へと変えることができると信じています。その力とは、環境保護や物質的繁栄を実現し、すべての人に有意義な個人的満足をもたらしたいという、短期的および長期的な望みを叶える力です。

各章の概要

本書は、二〇一〇年四月にチューリヒで開催された会議「経済システムにおける利他とコンパッション」で行われた議論の詳細な記録です。内容が明確になるよう編集されてはいますが、出来事を忠実に再現しています。利他についての科学的視点（第Ⅰ部、第一章—第五章）、利他についての仏教的・経済的視点（第Ⅱ部、第六章—第一〇章）、利他の実践例（第Ⅲ部、第一一章—第一四章）という三つのセクションに分かれています。結論では、これらの視点を統合し、将来のためのガイドラインを提供します。

各章は、会議における発表者それぞれのプレゼンテーションに基づいています。これらの章は、プレゼンテーションが実際に行われたほぼ同じ順序で構成されています（タニア・シンガーの二つのプレゼンテーションが第二章にまとめられているのは例外です)。各発表者が最初に自身の研究と構想について説明し、その後パネリストとのディスカッションの時間をとりました。会議ではよくあるように、プレゼンテーション(そしてティーブレイクも!)が長引き、一部のセッションでは他のセッションよりもディスカッションに多くの時間を割きました。

ダライ・ラマ法王猊下と、彼の英語通訳を長年務めるトゥプテン・ジンパとはすべてのセッションに参加しました。法王猊下は、複雑な科学的・哲学的な議論を英語で行うことができますが、時にはチベット語で話されます。そのときは、ジンパが法王猊下の言葉を英訳しました。本書では、ジンパが翻訳した法王猊下のスピーチを法王猊下自身の言葉として収録しています。もちろん、ジンパ自身の観点から議論に加わったところはジンパの発言として再現しました。会議では、他の発表者が時には特定の現象を説明するためにチベット語の単語やフレーズを使用しました。チベット語は、本文では実際の発音に合わせた表記を用いていますが、チベット文字の表記についてはワイリー方式でローマ字に翻字したものを注に記しています。

第一章ではダニエル・バトソンが、人間は自己利益以外の何かによって動機づけされるのかどうかを問う、利己‐利他論争を探究します。第二章ではタニア・シンガーが、人間の共感(エンパシー)、コンパッション(他者が苦から離れるようにとの思い、共苦)、その他の動機づけシステムに関する神経科学の研究をレビューし、どの程度これらの強力な感情を自己制御できるかを問いかけます。第三章ではリチャード・ダビッドソンが、子ども、コンパッションの瞑想の卓越した実践者、そしてコンパッションの訓練を受けた個人の間で見受けられる向社会的な行動の違いに関するデータを提示します。第四章ではマチウ・リカールが、利他についての基本的な仏教的理解を示し、看護などの世俗的領域における適用可能性について議論します。ジョーン・シルクは第五章で、動機づけの要素が実際には完全に利他的ではないかもしれない、霊長類における利他の事例を論じることによって第I部を締めくくります。

第六章ではエルンスト・フェールが、利他に対する人々の信頼と実際の利他とを同時に調査する社会的ジレンマ実験について説明し、利他的懲罰の考え方を紹介します。第七章ではジョン・ダンが仏教的観点から、真の幸福は無限に生み出すことのできる内面的リソース（資源）に基づくと語ります。第八章ではリチャード・レイヤードが、経済成長が常に幸福の増進につながるのかどうかを問いかけます。第九章では、ウィリアム・ハーバーが慈善寄付の経済的コストと心理的利益に関する研究をレビューします。そこでは寄付の重要な代替的動機として「ウォーム・グローの利他」が提案されます。第一〇章では再びエルンスト・フェールが、利他がなぜ重要で、どのようにして社会問題を解決できるのかを問いかけ、公共財の創造と公正な社会における利他の役割について論じます。

第一一章でアントワネット・フンジカー＝エブネターは、賢明な投資が社会的・環境的・財政的利益を同時に生み出せることを説明します。第一二章ではアーサー・ヴェイロイアンが、人々が貧困から抜け出すのを助けるために富裕層と貧困層とを結びつける先駆的なマイクロファイナンス・

プログラムについて説明します。第一三章ではサンジット・ブンカー・ロイが、知識のエリート主義的理解を斥け、民俗的・地域的な知恵を大切にする教育システムであるベアフット・カレッジについて説明します。第一四章ではウィリアム・ジョージが、真のリーダーの資質について、つまり彼らがどのように見出されて育てられるのか、そして私たちが彼らに期待するものや、彼らが誰の利益に資するのかについて議論します。

最後に、ジョアン・ハリファックスが、他の発表者と一緒にそれまでの議論を振り返り、利他におけるジェンダーと知性の役割を含む、会議中に取り上げられた問題を扱っています。法王猊下は、多くの希望に満ちた進歩の兆しが見られ、そこでは世俗倫理を育てることが最も重要であると述べています。また本書では、コンパッション、共感、そして幸福のために、市場、共同体、人間の潜在能力についての考え方を決定的に変える潜在的可能性が描かれています。この三年間に急成長を遂げてきた神経経済学の分野では、多くの進歩が起こっています。リチャード・ダビッドソン、リチャード・レイヤード、エルンスト・フェール、ウィリアム・ジョージ、サンジット・ブンカー・ロイ、ジョアン・ハリファックス、マチウ・リカール、タニア・シンガーなどのこの会議の発表者が、世界経済フォーラム（World Economic Forum）や世界経済シンポジウム（Global Economic Symposium）などに招待されました。リチャード・レイヤードは、グローバルな幸福を増進するためのプロジェクトに協力していますし、ダライ・ラマ法王猊下、サンジット・ブンカー・ロイ、マチウ・リカールは、太陽光、雨水の採取、健康、および教育イニシアティブをヒマラヤとインドのコミュニティにもたらすプロジェクトに協力しています。ダニエル・バトソンとマチウ・リカールは、利他に関するさらなる研究と執筆に協力しました。これらは、この素晴らしいイベントで初めて出会い、インスパイアされた人々によって行われた多数のイニシアティブのほんの一部です。

チューリヒで開催されたこの画期的なシンポジウムに参加できたのは光栄なことであり、こうして本書を上梓することができたのは喜ばしいことでした。読者、思想家、そしてコンパッションのある行為者たちにとって、すべての人に利益をもたらす向社会的な経済システムの創造に参加するための着想として役立つことを願います。

I

利他と向社会的行動に関する科学的研究

第一章　利己－利他論争――心理学的視点から

ダニエル・バトソン

実験社会心理学者のダニエル・バトソンは、カンザス大学名誉教授であり、*Altruism in Humans*（Oxford University Press, 2011）〔邦題『利他性の人間学――実験社会心理学からの回答』菊池章夫・二宮克美共訳、新曜社、二〇一二年〕の著者でもある。彼の研究は、利他的動機の存在、宗教の行動的帰結、道徳感情の性質に焦点を合わせている。

ダニエルの発表は、利己－利他論争を探究したものである。彼は、共感的配慮の感覚から生じる利他が存在するという実験的証拠を提示することによって、人間は常に自己利益によって動機づけられているとする一般的な西洋の仮定に対して疑問を呈している。議論を進めるなかで、パネリストたちは、いかにして利他を育み、見知らぬ人々や外集団の人々にまで利他を拡げ得る状況を作ることができるかをめぐって、ダニエルの研究と仏教的観点とを比較した。

法王猊下《げいか》、あなたが人間の生活における利他とコンパッション（他者が苦から離れるようにとの思い、共苦）との重要な役割について深く確信していることを私は知っています。長年、あなたは精神的な修行を通じてこれらの資質を培ってこられました。西洋思想、特に心理学や経済学においては、利他やコンパッションが存在するかどうかについて多くの疑義や議論があることに少し驚かされるかもしれません。どんなに高潔で無私であるように見えても、人間の行動は自己利益や利己によって動機づけられているという信念がそこにはあるのです。自分にとって何の得があるのか、ということが常に問題になっているのです。心理学の研究者として、私たちはこの問題に取り組み、西洋の見解が正しいかどうかを見極めようとしています。

私は、利己 - 利他論争から話を始めたいと思います。まず、これらの用語の意味を説明しましょう。この論争における利己とは、自らの幸福を高めるという究極の目標に動機づけられた状態です。それに対して利他とは、他者の幸福を高めるという究極の目標に動機づけられた状態です。私がここで「究極の目標」と言っているのは、第一の原因や最終的な原因ではなく、その人がその状況のなかで本当に求めているものを指しています。それは別の目的を達成する手段としての副次的な目標ではありません。両者の区別が重要なのは、利己も利他も、援助行動や協力の動機づけになり得るからです。しかし利己において、他者に向けられるすべての親切な行為は、自分自身の幸福を高めるという究極の目標のために為されます。そうすることでたとえば、自分が良い気分を味わったり、心が温かくなるのを感じたり、罪悪感を回避したりすることができるわけです。

そこで問題となるのは、人間は実際に利他的であり得るのかということです。西洋思想で支配的な見方は、普遍的な利己です。ラ・ロシュフコー公爵に、次のような優れた著述があります。「無私の愛といえども、所詮、一種の取引であり、何とかして自己愛が勝利者となることを目論んでいる」[1]。私たちがここで話しているのは、物質的な利益や懲罰についてではありません。非難や罪悪感といった社会的懲罰や自己懲罰を回避することによって得られるものがあると言いたいのです。他者からの賞賛や自分自身の良い気持ちといった、社会的報酬や自己報酬も利益だと言えるわけです。

もう一つ重要なのは、他者の苦しみを目撃することによって引き起こされる自分自身の苦痛を軽減するために他者を助けることがあるということです。その場合は、自分自身に利益をもたらすことが目標なので、それはやはり利己的な動機でしょう。これについて、オランダ生まれのイギリスの哲学者・経済学者のバーナード・マンデヴィルはかなり極端な発言をしています。「火中に落ちてしまいそうな無垢な赤ん坊を救うことには何のメリットもない。その行動が善であろうが悪であろうが、赤ん坊がどんな利益を得ようが、そんなことには関係なく、私たちは赤ん坊を助けざるを得ない。なぜなら、赤ん坊が落ちるのを阻止しようとせず、火中に落下するのを目にすることで、自分自身が苦しむからである。つまり、私たち自身の自己防衛が赤ん坊を助けるように強いるのだ」[2]。

この支配的な利己についての見解は正しいのでしょうか。このことは私たちを共感利他仮説（empathy-altruism hypothesis）に導きます。共感的配慮が利他的動機を生み出す、というのがこの仮説です。これは私自身の発案ではありません。たとえば、ダーウィンも同様の説を提案しました。他にも多くの人々がこれまでにこうしたアイデアを提案しましたが、それは常に西洋思想では少数派の意見でした。この仮説における「共感的配慮」（empathic concern）とは他者に起因する感情で、助けを必要としている他者を見ることによって誘発されるもの、つまり助けが必要な他者に対する感覚を指します。その他者が感じている感覚のことではありません。共感的配慮には、他人に対する同感、コンパッション、優しさの感情が含まれます。それは私がさきほど述べた、赤ん坊がまさに落下するのを見た時に感じる苦痛のような個人的な苦悩の感情であり、すなわち自己に起因する感情とは別物です。

共感的配慮が援助の拡大と関連していることをエビデンス（証拠）は示しています。しかしこのエビデンスそれ自体は、共感が何らかの動機を生み出すと言っているに過ぎません。その動機の性質が何であるかについては示していないのです。利己的な動機なのか、利他的な動機なのかはわかりません。私たちが他者を助けるとき、その他者に利益をもたらすと同時に、自分自身も利益を受けます。利己的な観点から説明をすると、他者を益することは単なる手段であるということ、すなわち自分自身に利益をもたらすという究極の目標を達成するための手段ということになります。たとえば、利己的な見方から説明しようとする人は、苦しんでいる人に共感的配慮を持つとき、私たちも苦しむがゆえに自分自身の苦しみを減らすよう動機づけられていると主張するかもしれません。

その苦しみは、たとえ共感的配慮から生じるものであるとしても、結局は自分自身に利益をもたらそうという動機を生み出すことになる、個人的苦痛でしかないというわけです。それは利己主義的な説明です。

利他主義的なものと考える立場からすれば、他者に利益をもたらすことが究極の目標になります。その関心は、他者の幸福に向けられています。他者の役に立つと、私たちは気分が良くなりますね。彼らが喜ぶと自分自身も幸せですし、罪悪感を避けることもできます。しかし、それはあくまで意図しない結果なのであって、私たちが行動する理由ではありません。他者を助けたいから行動するのであって、自分自身を助けるためではないのです。人は与えられた状況下で究極の目標をどのように決定するのか、これが研究上の難題です。他者に利益をもたらすように行動するとして、そこにあるのは手段としての目標でしょうか、それとも究極の目標でしょうか?

われわれがどのようにこの難題の解決に取り組んでいるのかを説明するために、共感的配慮によって誘発された動機が自分自身の不快感を和らげるかどうかという問題を検証する実験の手順に触れたいと思います。この実験では、ある学部生のエレインが与えられた数字を記憶するという課題を実行するところを別の女子学部生が観察します。観察者はエレインのことを知りません。エレインの課題は、研究助手に向かって数字の文字列を復唱することです。エレインは、数字を記憶する間、ランダムに電気刺激を受けます。表向きは、そのような嫌悪感をもたらす条件が作業の実行に及ぼす影響を調べるということになっています(実際には彼女が電気刺激を受けることはありません。観察者は映像を通してエレインを観察していますが、実際に見ているのは実験用に作成したビデオテープです）。記憶する作業の半ばあたりで、エレインが電気刺激をとても不快に感じているのは明らかだという理由で、研究助手が実験を遮ります。エレインは、子どものときに馬から落ちて電気フェンスにあたったというトラウマのせいで電気刺激をとてもつらく感じるのかもしれないと説明します。彼女は明らかに苦しんでいますが、それでも続けると言います。

この時点で観察者には、自分と交代してエレインを助ける機会が与えられます。つまり、エレインの代わりに記憶する作業をして電気刺激を受けるわけです。交代しなければ、そのままエレインが作業を続行するのを観察し続けることができると半数の観察者に伝えています。私たちはこれを「困難な逃げ道」と呼んでいます。残りの半数の観察者には、交代しなければ自由に帰ることができると伝えています。エレインが続行するのを見守る必要はありません。こちらは「簡単な逃げ道」と呼んでいます。参加者が自分の共感的配慮を弱めるよう利己的に動機づけされている場合、「困難な逃げ道」では、それが苦しみの原因である刺激を止める唯一の方法であるため、観察者はエレインを助けることを余儀なくされます。「簡単な逃げ道」では、彼らは単にその場を離れることができるので、エレインを助ける可能性はずっと少なくなります。しかし、共感的配慮がエレインの苦しみを和らげようという利他的な動機づけを生むならば、共感している参加者は、逃げ道が簡単でも困難でも同じように助けるはずです。

私たちは、これらの競合する予測をテストするために、実験にもう一つの機能を追加しました。

エレインが電気刺激にひどく反応するのを見ると、観察者は自己に焦点を合わせた不安と不快感（個人的な苦痛）と、エレインという他者に焦点を合わせた温かさや同感（共感的配慮）がないまぜになった感じを受けるのではないかと想定しました。私たちは、二つの逃げ道それぞれの観察者半数ずつに、彼らの感じる温かさや同感が、別の実験の一部として摂取した薬物（実際にはコーンスターチでできた偽薬）によるものだと誤って認識するように仕向けたので、彼らはエレインを観察した結果、主に個人的な苦痛を感じたと報告しました。そして残り半分の観察者には、彼らが感じる不安感と不快感が同じく薬物のせいであると誤って認識するように仕向けたため、彼らは主に共感的配慮を抱いたと報告しました。

私たちが発見したのは、個人的な苦痛が支配的だった参加者は、逃げ道が困難だった場合よりも簡単だった場合に、助けようとする可能性がずっと少ないということでした。それは私たちが予期した通り、彼らの動機が利己主義的であった場合に見られるパターンです。共感的配慮が支配的だった参加者はどうだったのでしょうか？　彼らは、逃げ道が簡単か困難かにかかわらず、高い割合で助けることを選択しました（図1・1参照）。このパターンは共感利他仮説と一致します。他者の幸福を増進させることが目標であるならば、苦しんでいる他者を放置するようなことはしません。他者の幸福を高めることができる唯一の方法は、実際にその人の身になることだからです。

しかし、利己主義的な見方からこれらのデータを説明することもできます。たとえば、参加者が罪悪感を避けるように動機づけられた場合です。とはいえ、共感的配慮によって生み出された動機

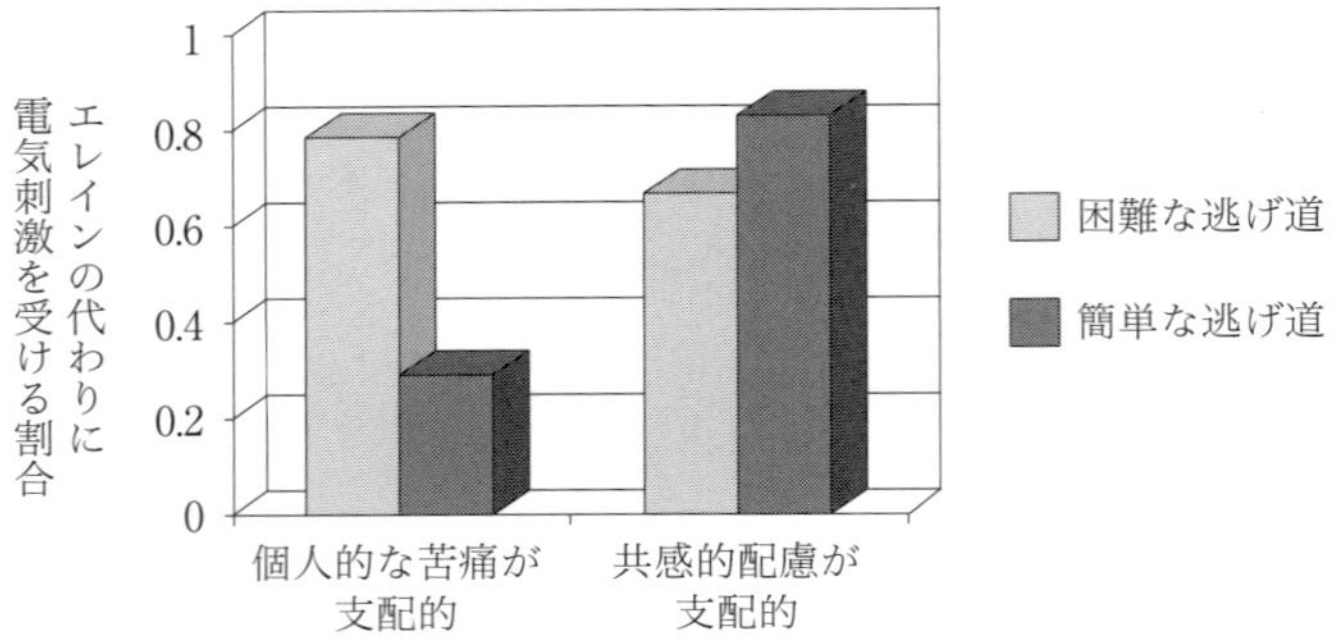

図1・1　共感的利他実験.
エレインに対する共感的配慮を持つよう誘発された参加者と，個人的な苦痛を感じるよう誘発された参加者とでは，逃げ道の条件によって受ける影響が非常に異なっていた．個人的な苦痛が支配的だった参加者は，自己に起因する利己的動機を示し，簡単な逃げ道を示されれば，エレインを助けようとする可能性がはるかに低かった．それに対して共感的配慮が支配的だった参加者は，他者に起因する利他的動機を示し，簡単な逃げ道を示されても，エレインを助ける可能性が高かった．

は、罪悪感を避けるという究極の目標に向けられていないことを他の実験結果は示しています。私たちは、さまざまな利己主義的な見方からの説明を検証するために三五以上の実験を行ってきました。

これらの実験の結果は、これまでに示されてきた利己主義的な見方からのいかなる説明も支持していません。データは一貫して共感利他仮説を支持しています。したがって、人間の動機は利己や自己利益に限定されないというのがとりあえずの結論です。共感的配慮は真に利他的な動機づけを生み出しますし、実際にこの動機はとても力強いものです。たとえ経済システムであっても、人間の行動を理解する上で、共感に誘発される利他を考慮する必要があると私は信じています。

共感に誘発される利他的動機は何によってもたらされるのでしょうか。これには二つの条件が鍵になるでしょう。すなわち、他者の幸福を尊重すること、そして他者が助けを必要としていると認識することです。出発点は他者の幸福を尊重することにあると思います。そうしなければ、たとえ他者が助けを必要としているとわかっていても、共感的配慮にはつながりません。他者の幸福を尊重することによって、これらの二つの条件が共感的配慮を引き起こし、利他的な動機づけを生み出します。ここでの私の疑問は、この見解が仏教的なコンパッションとどのように関連しているかということです。

トゥプテン・ジンパ　コンパッションを育む過程については、仏教でも似たような理解がなされています。たとえば、誰かに対してコンパッションを抱くのに必要とされる大切な要素の一つは、他者に対する何かしらの感謝の気持ちです。それは他者とのある種のつながりをもたらします。それをもとにして、他者が苦しんでいるのを見るに耐えられないという感覚が生まれるのです。これらがコンパッションをもたらします。

ダライ・ラマ　通常、仏教徒が他の有情《うじょう》すなわち心を持つ生きとし生けるものについて説明するとき、彼らを母なる有情だと捉えます。他者は自分自身の母親と同じように親愛なる者だという意味です。ですから私たち仏教徒は第一に、他者を親愛なる者だとする見方を育もうとします。

ダニエル・バトソン　それは他者の幸福を尊重することと関係しますね。そうすることで、助けを必要としている他者を認識し、共感的配慮につながるはずです。

ジンパ　仏教ではまず、他者を親愛なる者だとする見方を育み、それから、他者が助けを必要としているという認識を組み合わせて、他者を助ける動機を育みます。こうすることで、実際の利他的振舞いや行動につながるでしょう。

バトソン　そこでまさに私たちと同じプロセスが見られているようですね。私が利他について述べたのは動機に関してでしたが、それは振舞いにもつながるかもしれません。

ジョアン・ハリファックス　ダニエル、この仮説は、家族や村のような集団のウチにいる人々だけに関連しているのでしょうか。また、スティグマを負わされた人や集団のソトにいる人々、あるいは敵対している国の人々についてはどうなのでしょうか。

バトソン　それについての研究はずっと行われてきたのですが、たしかに私たちには、近しい人たちの幸福を大切にし、彼らに対して共感的配慮をより強く感じる傾向があります。しかし、人々の関心の焦点を他者の苦しみに合わせて考えさせることができれば、共感的配慮は集団のウチを越えて喚起されるように思われます。私たちの研究では、それは通常、他者視点取得（perspective taking）と呼ばれるものを通して行われています。つまり、他者が何を感じているのか、彼が置かれた状況からどのような影響を受けているのかを想像するのです。仏教の瞑想では、思考の訓練を通して、自然に他者を自分の母親や子どものように見ることができるようになりますね。他者の視点を得るようになると、共感的配慮が誘発されるようになるわけですが、集団のソトの人々や、スティグマを負わされた人々、居場所のない人々に対してもそうなることを私たちは発見しました。反感を抱いていない人であれば、誰に対してでもそれは可能であるようです。そこが他者の幸福を尊重できるか否かの分岐点なのではないかと思います。

ダライ・ラマ　私が常に明確にしておきたいことは、私たちの議論が仏教科学とある程度の仏教概念にシンプルに則っているということです。これら二つの事柄は普遍的であり得るかもしれませんが、仏教の宗教的側面はもっぱら仏教徒に限定されます。とはいえ、仏教の実践者の視点から、慈しみ、コンパッション、関心といったものが愛着に基づいているかどうかを見分けることは非常に重要です。同感や利他的態度が基本的に愛着に基づいている限り、それは非常に限定されたものでしかありません。そして、愛着に基づく慈しみや優しさや利他は簡単に変わり得ます。今日のあなたは他者を心配しているとしても、翌日のあなたはその人が苦しめばいいのにと思うかもしれません。なぜならそれが愛着の性質だからです。ですから、愛着を最初に切り離さなければならないのです。敵と友人との間に違いはありません。あなたの友人は、幸福を望み、それを手に入れる権利も持っています。あなたの敵も同じ権利を持っています。ですから、他者への関心はこうした理解に基づいていなければなりません。それが仏教の方法なのです。

ダニエルは、根底にある人間の本質は利己的だと言いました。利己的という言葉の正しい意味とは何でしょうか。広い意味でのエゴイズムは、単なる「私」という感覚です。「私」は宇宙全体の中心なのです！　それはいつも私たちすべてにおいて現在しています。仏教の観点から見ても、仏陀にさえそのようなエゴイズムがあります。仏陀は自然に「私がある」と感じています。しかし、その「私」という感覚には多くのレベルがあるのです。利他を実践するためには、自我の強い感覚が必要となります。この自我の感覚は、意欲、熱意、自信の基盤です。しかし別のレベルでは「私」という感覚が愛着になり、愛着がある場合には、憎しみもそこにあります。誰しも自分にとって親愛的で有益なものに対して愛着を抱きますね。その愛着は、ある種の利他的な関心をもたらす親密感を生み出します。とはいえ、それが愛着に基づいている限り、敵対する人々あるいは敵でも味方でもない人々にそれを向けることはできません。

この信念は、一般の人々ではなく、仏教徒のためのものだと私は思います。他の宗教にも似たような教えがあります。私が理解している限り、有神論的な宗教における創造主という概念には同じ目的があります。つまり、神への信仰を育み、すべての存在者を神によって創造されたものとして理解するということです。すべての出所が同じで、自分自身を神に完全に捧げる。そうすると、否定的なエゴイズムは衰微します。同時に、すべての他者は同じ源から生まれているわけですから、「私の友人」と「私の敵」とを区別する理由はありません。さらに言えば、自分の敵も神によって生み出されたものなのです。

バトソン　私たちすべてが利己、つまり自己利益に動機づけられているというのは、まさしくその通りなのですね。私たちが利他的な動機を持っていることを示す研究は、私たちが自己利益に基づく動機を持っていないことを証明するものではないからです。私たちが何かをするとき、ほとんどの状況で利己と利他の両方に動機づけられています。しかし、私たちはまた、利他的動機つまり他者の幸福を気にかける能力が、私たちの本性のうちにあるであろうことを認める必要があります。

ジンパ　たとえば仏教の文脈では、悟りを求める心または菩提心と呼ばれる利他的な心の最高の形があります。菩提心は主に二つの願望によって特徴づけられます。一つは、すべての有情の利益のために完全な悟りを追求するという願望であり、それは他者に配慮する他者中心的なものです。しかしそれは同時に、自分自身の悟りを求める願望でもあります。ですから菩提心においても、自己利益の存在が認められるのです。

第二章　共感と内受容性皮質

タニア・シンガー(1)

神経科学者タニア・シンガーは、二〇一〇年よりドイツのライプツィヒにあるマックス・プランク認知神経科学研究所社会神経科学部のディレクターを務めている。社会的認知の神経基盤、ホルモン基盤、発達基盤、感情制御能力、社会的意思決定における動機と感情の役割について調査している。また、精神的訓練と瞑想が、脳とその主観的・行動的可塑性に与える影響についても研究している。タニアはマインド・アンド・ライフ・インスティテュートの理事会の一員でもある。

タニアの発表は、共感やコンパッションといった社会的感情のような、基本的な感情的・動機的体系の基礎となる経路を明らかにするものである。彼女は、いかにして人間の脳が他者と感覚を共有しうるのかということを示し、信頼のような社会的行動の基礎となる神経経路を描いた。タニア、ダライ・ラマ、マチウ・リカール、トゥプテン・ジンパは、瞑想がこれらの生物学的プロセスを、人に迂回させることができるかどうかについて議論した。

私の発表は社会的感情と社会的行動に関する神経科学的研究に焦点を合わせたものですが、そのなかで用いるいくつかの用語について定義することから始めたいと思います。共感（empathy）・コンパッション（compassion）およびそれらの姉妹関係といった現象について話すとき、「感情的伝染」（emotional contagion）と呼ばれる現象から始めるのが通例です。たとえば、診療所で一人の赤ん坊が泣き始めると、他のすべての子どもたちも同じように泣き始めます。これが感情的伝染です。まるで他の誰かの感情を捕らえて共有するかのように見えますが、本人はそれらの感情が他人に由来するということに気づくことはありません。感情的伝染においては、母親と自分自身とを区別できない赤ん坊のように、自己と他者との区別がありません。それに対し、共感が起こるには自他の区別が必要です。この自他の区別の有無は、動物が共感やコンパッション（他者が苦から離れるようにとの思い、共苦）を持っているかどうか、あるいは感情的伝染を示すかどうかについて議論する際の中心となるものです。猿を檻の中で飼っているとします。一匹が苦しみの声を上げると、他のすべての猿たちもそれに加わるでしょう。しかしこれは、共感的な関心や、コンパッションの感覚を、猿が持っているということを必ずしも意味しません。猿たちは単に感情的伝染を経験しているに過ぎないのかもしれないのです。

他の重要な用語も定義しましょう。共感は、他の誰かの身になって感覚を共有する能力です。あなたが苦痛を感じている。それゆえ私は苦痛を感じる。このとき、私はあなたと同じような感覚を共有しているわけです。しかし同時に、そのときに私が感じている苦痛は私自身のものではないことを私はわかっています。私はあなたの苦痛を、その身になって感じているということを知っているわけです。感情的伝染とは異なり、ここでは自己と他者とが明確に区別されています。感情の共有あるいは他者への共感の内実は、向社会的な動機や行動と必ずしも関連しているとは限りません。向社会的な動機には、他者のウェルビーイング（良き生のあり方）への配慮や思いやりが必要で、そうした動機は向社会的な行動あるいは他者に利益をもたらす行動へとつながります。共感は、必ずというわけではありませんが、向社会的な動機と行動へつながるのです。たとえば、もし私があなたの苦痛にあまりにも強く共鳴してしまって、結果的に自分が苦悩に苛まれるならば、私は自分自身の苦しみを軽減することに心を奪われるでしょう。そして、あなたとかかわろうとしなくなったり、私にネガティブな影響を与えたあなたに怒りを覚えたりするかもしれません。これは、向社会的な動機や行動とは反対の結果をもたらすでしょう。

ここで、共感（empathy）とコンパッション（compassion）とを区別したいと思います。コンパッション、すなわちダニエル・バトソンが「共感的配慮」（empathic concern）と呼び、他の人たちが「同感」（sympathy）と呼ぶものの場合、そこには他者への本当の関心があるはずです。他者の苦しみに直面したとき、あなたは必ずしも他者と同じ感覚を共有するわけではなく、その代わりに温かさや愛を感じるかもしれません。したがって、（共感のように）誰かが感じるように感じるだけではなく、むしろ誰かのために感じ、他者の苦しみを軽減しようという動機を持つでしょう。これは仏教でいう慈悲の「悲」にとても近いと私は考えています。そして、このように共感とコンパッションとを区別することはきわめて重要です。共感それだけでは向社会的な動機や行動を生み出すのに十分ではありません。それはコンパッションや共感的配慮へと変わる必要があるのです。

社会神経科学では、他者の感覚や思考を理解する能力の基礎となる神経経路について区別を設けます。共感とコンパッションは、他人を情緒的に理解する神経経路に依存します。それとは別に、他者の思考や信念をより認知的に理解することを促す脳回路システムがあります。私たちはそれを「認知的視点取得」（cognitive perspective taking）あるいは「心の理論」（Theory of Mind）と呼んでいます。これは、他者の精神状態について認知的推論を行う能力です。

次の例がその違いを明確にするでしょう。サイコパス〔反社会的人格〕や特定の種類の犯罪者は、共感が欠けているにもかかわらず、認知的推論において非常に優れています。彼らは、他者のニーズや意図をよく理解して、他者を操る術を知っています。しかし、彼らに欠けているのは、他者の苦しみへの共感的な共鳴です。結果的に、彼らは向社会的な行動ではなく、反社会的な行動を起こします。この例は、認知的視点取得と共感が精神病理学においてどのように解離しているかということ、そしてこれらの認知経路が脳内の異なるネットワークに依存しているということを示しています。

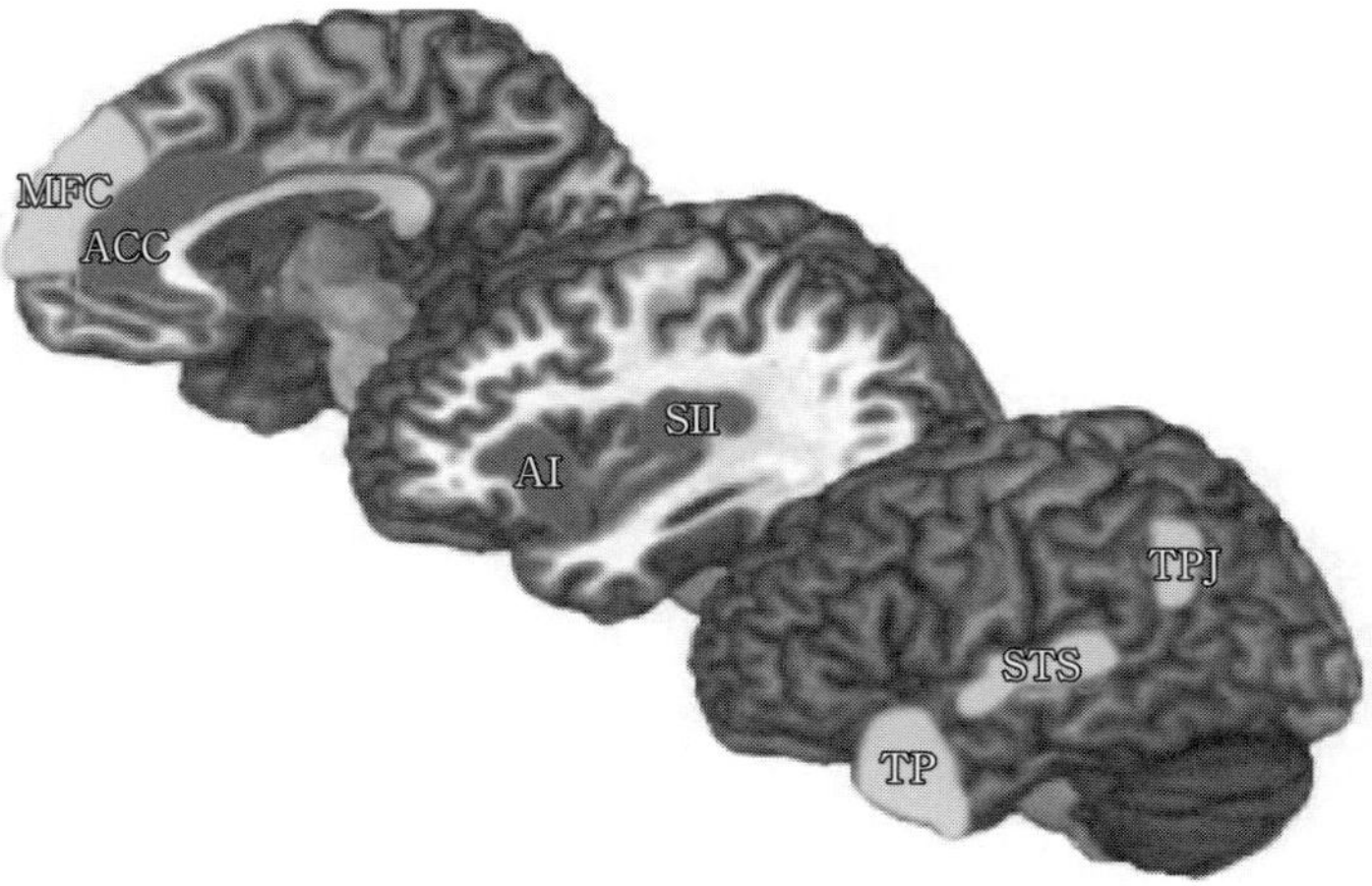

図２・１　他者感情の理解.
他者の心や感覚を理解するための二つの異なった道筋が脳にはある．この図のなかで，他者の苦に共感する際に典型的に含まれる主たる領域はACC，AIとSII である．「心の理論」あるいは「認知的視点取得」に典型的に含まれる主たる領域はTPJ, STS, TP およびMFC である．
MFC ＝ 内側前頭前皮質（medial prefrontal cortex）; ACC ＝ 前帯状皮質（anterior cingulate cortex）; AI = 前島（anterior insula）; SII = 二次体性感覚皮質（secondary somatosensory cortex）; TP = 側頭極（temporal poles）; STS ＝ 上側頭溝（superior temporal sulcus）; TPJ ＝ 側頭頭頂接合部（temporo-parietal junction）.

fMRI（機能的磁気共鳴画像法）のような脳イメージング技術を用いて、神経科学における共感をどのように測定するかという例を示そうと思います。この実験では、カップルにスキャナーのなかに入ってもらうようお願いします。各パートナーは、手に付いた電極を通して断続的に痛みを受けます。どちらのパートナーも、相手が痛みの刺激を受けていることを示す点滅矢印の表示画面を見ることができます。これによって、人が痛みを感じるとき、および物理的な刺激を感じないけれどもパートナーが苦しんでいることを知っているときの脳の反応を測定できます。

この実験でわかるのは、自分自身の苦痛を処置するための基礎となる神経ネットワークが、パートナーが苦しんでいると知ったときにも活性化されるということです。このネットワークは、体内で生じるすべての出来事、およびその結果としての感覚を記録するので、脳内の内受用性皮質と呼ばれる領域にあります。たとえば、心拍数や呼吸パターンが変化した場合や、恐れや怒りのために激しく動揺した場合など、脳のこの部分が信号を受け取ります。この領域は、苦痛や嫌悪感を含むあらゆる種類の感覚状態と関連します。内受容性皮質あるいは島皮質は、他者が感じていることを処理するのと同様に、自分自身の感覚状態を処理するのにも重要です。図２・２A、Bは、これらの二つの事柄がどのように関連しているかを示しています。

苦痛に歪む顔の画像を見た場合、または手に針が刺さっているのを見た場合、あなたがそれを意識していなくても、あなた自身の痛みを処理しているときと同じネットワークが活性化します。これらの反応は自動的かつ迅速に起こります。これは、想像以上に私たちが相互につながっているこ

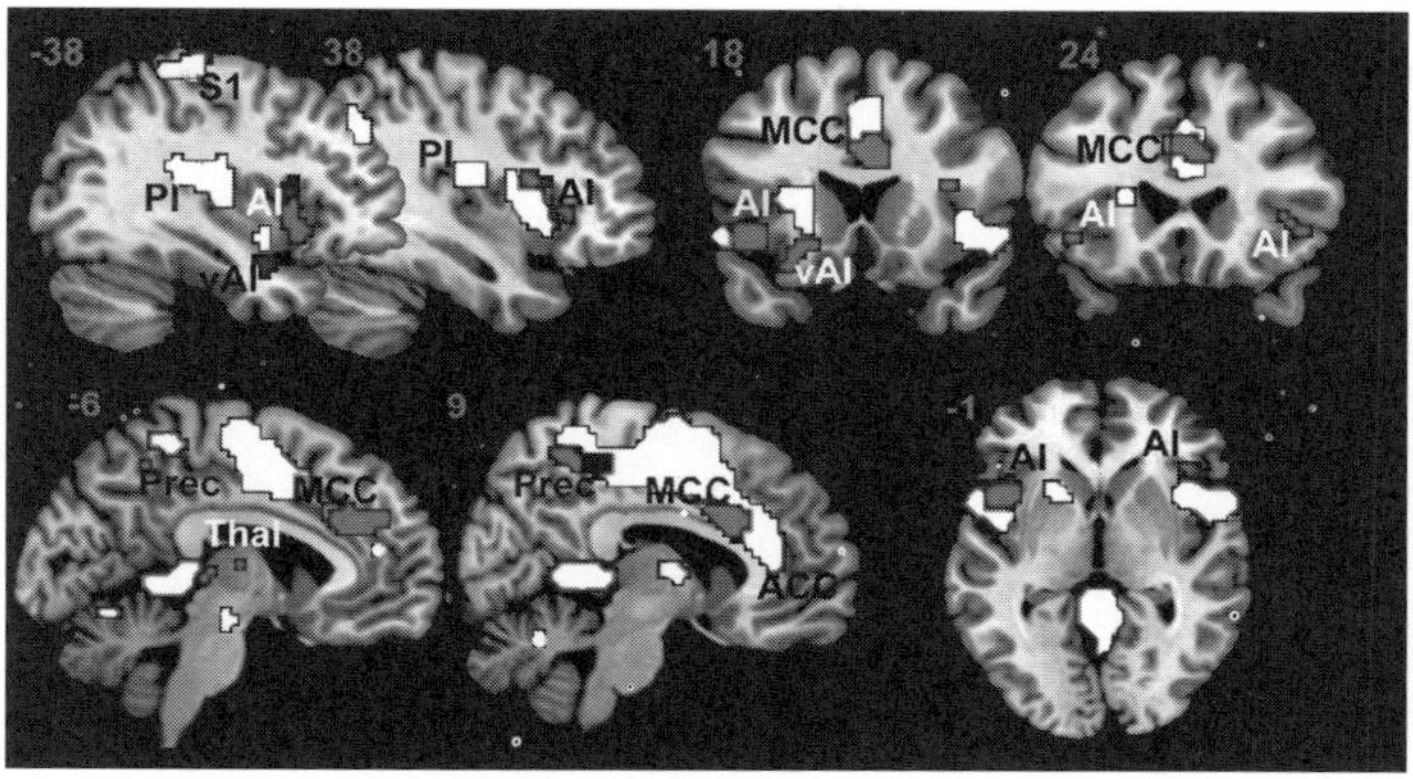

図２・２Ａ　脳における苦痛と苦痛への共感.

この図は，苦痛への共感に基づく脳内ネットワークに焦点を合わせてfMRIを用いた研究におけるメタ分析の知見を示している(2)．白色で示されている領域は，苦痛の刺激を受けているときに活性化する．灰色で示されている領域は，苦痛の刺激を受けている他者に共感するときに活性化する．実際に苦痛を感じているときと，他の誰かが感じている苦痛に共感しているときに共通して活性化する領域には，前島(AI)，内側帯状皮質および前帯状皮質(MCC/ACC)，楔前部(Prec)，視床(Thal) が含まれる．個人的な苦痛の経験をしている間だけに活動する領域は，後部島皮質(PI)，一次体性感覚皮質(S1)，内側帯状皮質および前帯状皮質(MCC/ACC) の大部分である．

とを意味しています。私たちは気づくことさえなく、自分の脳内で他者の感情状態を表現しているのです。

問題は、もし脳がそのように情緒的に共鳴したり、他者と相互につながったりするようにできているなら、なぜ私たちはいつもすべての人に共感しないのかということです。シャーデンフロイデ(他者の不幸を喜ぶ気持ち)とは反対の感覚を生み出す一方で、どのような条件が共感的な反応を阻害あるいは促進しうるのでしょうか。ドイツ語のシャーデンフロイデ(Schadenfreude)という感覚は、みなさんに知られていると思います。それは、他者の苦しみを共有するのではなく、他者が苦しむことを喜ぶ感覚です。私たちは、通貨交換ゲームを使った実験中に、シャーデンフロイデを観察しました。このゲームについては後で詳しく説明しますが、基本的な内容は参加者がお金を交換するというもので、その交換は公正・不公正どちらでも行うことができます。被験者が数回ゲームをした後、痛みの刺激を受けるプレーヤーの様子を見る観察者の共感的な脳反応を測定しました。これは、さきほど私が説明したカップルの苦痛への共感の実験と似ています。しかし今回は、好ましい公正なプレーヤーが痛みを感じているのを見ているときと、好ましくない不公正なプレーヤーが痛みを感じているのを見ているときの、観察者の脳反応を測定しました。

この実験では、男性と女性との間で共感的な脳反応の異なるパターンが見られました。男性は公正にプレーした人の苦しみに共感的な反応を示しました。しかし、痛みの刺激を受けている不公正なプレーヤーに対しては、報酬と快楽の感情に関連する脳の部分、すなわち側坐核《そくざかく》に反応が現れた

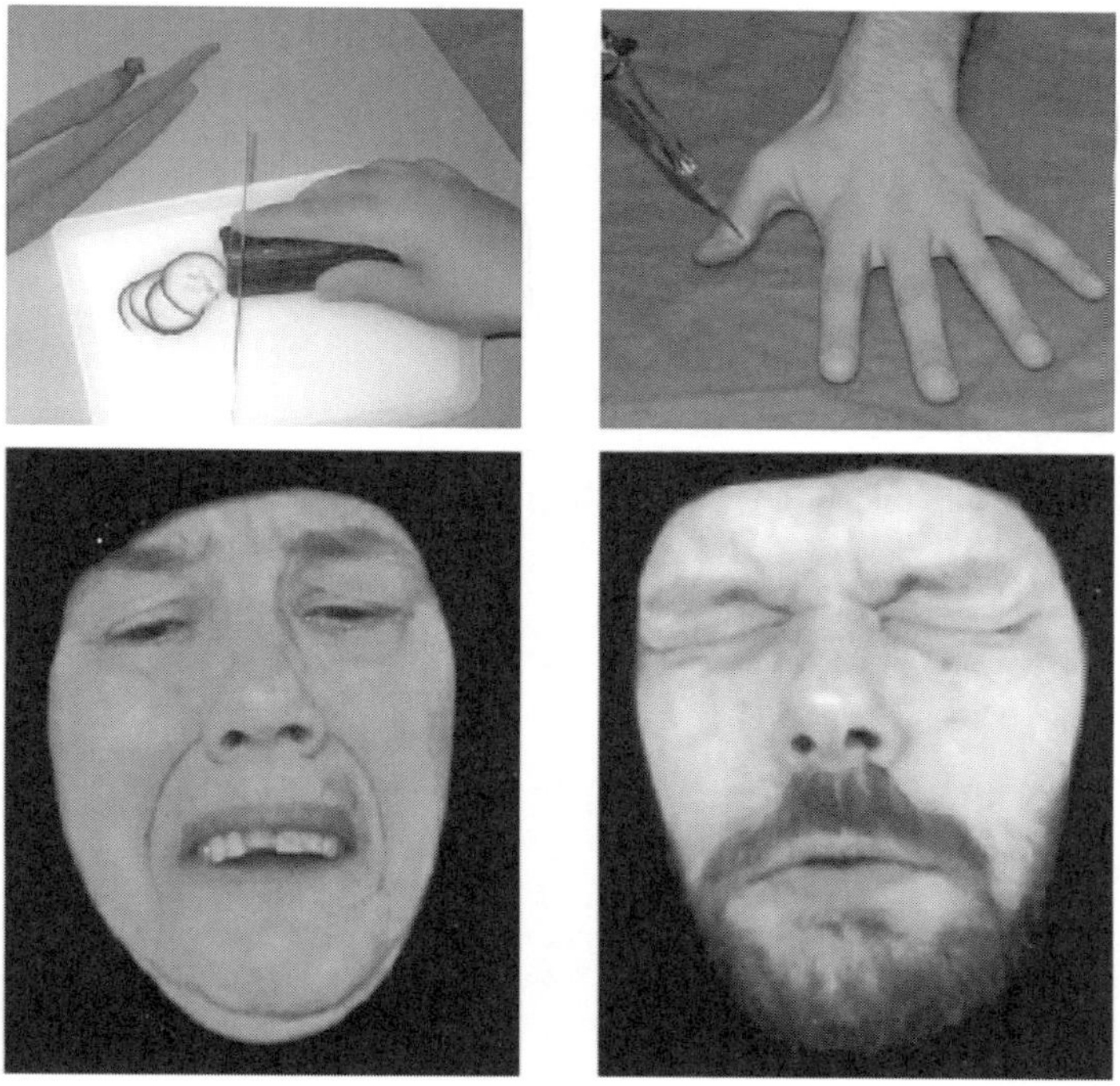

図２・２B　見本となっている画像は苦痛への共感を引き起こすことを意図したもので，恐怖と苦痛で歪む２人の顔と，鋭利なもので突き刺されたり，切られたりしている手である．

のです（脳のこの部分は、おいしいチョコレートを食べることを予期するときにも活性化します）。また、参加者にアンケート調査も行いました。男性の場合、不公正なプレーヤーの苦しみを見たときに報酬の反応が強ければ強いほど、アンケートで復讐の必要性をより強く訴えていました。対照的に女性の参加者は、痛みを経験している公正なプレーヤーと不公正なプレーヤーの両方に対して、共感的な脳反応を示しました。アンケート調査では、不公正なプレーヤーに対する好ましくない感情が表現されていた点で男性と似ていました。しかし、女性は平均して、シャーデンフロイデと復讐の気持ちに関連した報酬のシグナルを男性のように強くは示していませんでした。

内集団と外集団の対立的な認知を用いた別の実験では、内受容性皮質における共感的な脳シグナルの変調を観察しました。ここでは、参加者の共感的な脳反応を測定しました。被験者は、自分たちと同じ集団内に属していると認知している人々（自分と同じサッカーチームのファン）の苦しみと、集団外に属している人々（ライバルチームのファン）とを比較して見ることとなります。実験の結果、集団外の人々に対してよりも、自分の集団内の一員であると認知している人々に対して、より強く共感していることがわかりました。

したがって、共感とシャーデンフロイデは、根本的に相反する二つの動機づけのシステムを表しています。一方のシステムが活発であれば、他方は低くなっています。ここから、共感に関連した脳活動が高ければ、苦痛に苛まれている他者を助ける可能性が高いということを、私たちは示しました。逆に、もしシャーデンフロイデが高ければ、他者を助けようとはしないでしょう。このように、内受容性皮質における共感の脳シグナルから援助行動を予測でき、シャーデンフロイデの脳シグナルからはそうした向社会的な行動の欠如を予測できます。実際、助けようとするかどうかについて人々があれこれ予言するよりも、脳シグナルの方が優秀な予言者だと言えるのです。メンバーが集団のウチかソトかで異なった態度を取り得るようなときには、人々はいつも正直であるとは限りません。

これらの実験はまた、一方の動機づけシステムから他方のそれへと、すなわち共感からシャーデンフロイデへと切り替えることが容易であることを示しています。これらの実験のすべての被験者が、一般的に素晴らしく教育を受けた、健康な成人であることに私たちは注意しておかねばなりません。共感からシャーデンフロイデへの転換を引き起こすものは、(他者が集団内外のどちらに属するかという認知につながる)導入のわずかな変化、あるいは(他者を公正あるいは不公正であると感じた)これまでの経験です。問題は、共感を容易に覆してしまうこの傾向をどのようにして克服できるのか、そしてコンパッションの修養が生物学的に規定された人間の気質を変えることができるかどうかなのです。

共感に関する他の一連の実験から学んだもう一つの事実があります。それは、自分自身の感情や感覚の状態を理解していない人々——私たちは彼らを「感情認知障害的」(alexithymic)だと表現します——は、これら共感に関連する脳の領域が活性化しないということです。他者に共感するためには、まず自分の感情や身体の状態を理解する必要があります。したがって、共感のトレーニングでは、まず自分の身体と感情の状態とを認識し理解するトレーニングに集中すべきなのです。

共感の研究に続いて、今度はコンパッションに焦点を合わせた研究についてお話ししたいと思います。共感はコンパッションに先行するものだと考えられています。しかし、共感とはかかわりのないコンパッションに関連した脳反応を測定しうるでしょうか。リチャード・ダビッドソンがこの問題についてより詳しく話してくれるでしょう。[3]しかし基本的に私たちは、脳のどの領域が慈しみ（慈）とコンパッション（悲）の状態に関連しているのかを見つけるために、熟達した仏教実践者とともに研究を始めたのです。仏教実践者には単に慈悲の状態に入ったり出たりするよう頼んだだけでなく、まるで料理における弱火・中火・強火のように、慈悲の状態の強度を三〇、六〇、一〇〇パーセントの段階に制御してもらうようにも頼みました。これは仏教的観点からは奇妙に思われるかもしれません。しかし私たちにとっては、サーモスタットのように感情を制御する能力を測定することはきわめて重要なことなのです。

私たちは、内受容性皮質や、所属と報酬に関連する脳の他の領域が、慈悲の状態において非常に強く活性化するのを観察しました。また、熟達の実践者がこの状態と基礎的な脳のネットワークとを、三〇、六〇、一〇〇パーセントにうまく調整しているのも観察することができました。なんと美しい心のコントロールなのかと私たちは驚愕しました。

そこで私たちは次のようなことが知りたくなったのです。何年間も隠遁して修行したことなどない素人に慈悲の修養を教えることができるのか。そして、脳内の変化を観察することができるのか。

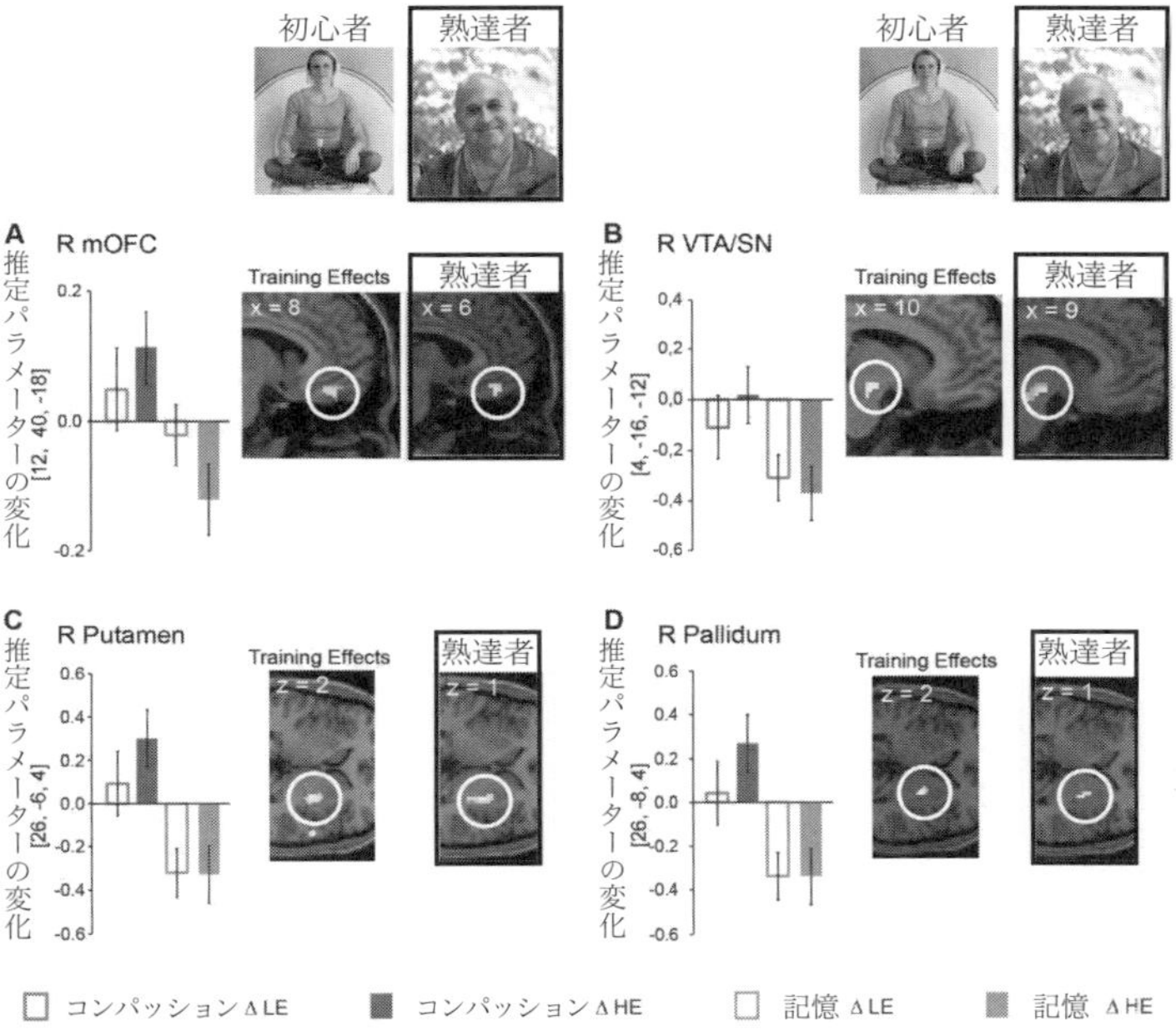

図２・３　コンパッションを抱いた脳の可塑性.

この図は，１週間のコンパッションの訓練が脳に及ぼした効果を示している．比較のためのグループの一つは記憶術の訓練を受けた．この実験の対象者は訓練を受けたことのない初心者で，彼らは１週間の訓練の前後に，人間の苦しみを示す非常に感情を揺さぶる映像を視聴した．訓練の後，もう一つのグループであるコンパッションの訓練を受けた対象者は，記憶術の訓練を受けた対象者に比べて，(A) 右内側眼窩前頭皮質(mOFC), (B) 右腹側被蓋野および黒質(VTA/SN), (C) 右被殻, (D) 右淡蒼球においてより高い活性状態を示した．これらの結果は，左側の脳スキャン画像に示されている．枠で囲われた右側の脳スキャン画像は，熟達した実践者が同様のコンパッションの状態に入ったときの神経活性化を示している．

すなわち、今までにまったく経験のない人がたった一週間のトレーニングを受けた後に、コンパッションに関連するネットワークにおける脳の可塑性の証拠を検出することができるのか。しかし希望はあります！　瞑想の経験がない人と、別の一連の実験を行いました。最初の実験では、慈しみの瞑想を実践している間に、脳活動からフィードバックを得るリアルタイム fMRI を用いた新しい技術を通して、コンパッションと関連する脳のネットワークを活性化する能力を向上させることができるかどうかについて調査しました。

導入のための説明を受けて慈しみの瞑想を行ってから、バイオフィードバック付きのスキャナーのなかで徹底的なトレーニングを受けた一日後、初心者の一人はすでに、長期にわたる実践者において観察されたのとまさに同様の脳の活性化を実現させていました。他の初心者は、スキャナー内でのトレーニングの初日に、慈しみの感覚を生じさせながら活性化へと調整するのに苦労していました。しかし二日目には、広範なバイオフィードバック・トレーニングを受けた後、その初心者はすでに、より一層コントロールされた方法で、慈しみの状態に関連した心的回路を活性化することができていました。その後の研究では、これまでは熟達した瞑想実践者においてのみ見受けられたネットワークの増加を、スキャナー内のバイオフィードバックなしでも、たった一週間の慈しみのトレーニングによって、初心者でも示すことができたのです。

また、コンパッションと慈しみを育む相対的な能力に関して、人々の間で大きな違いがあることを見て驚きもしました。非常に良好な人もいれば、はるかに困難な人もいるのです。その理由を知ることは非常に興味深いでしょう。

トゥプテン・ジンパ　コンパッションの強度を調整するという実験デザインにとても困惑しています。ここでのコンパッションはトレーニングの結果ですが、一度その地点にまで到達すると、もはやそれは自然に生じる感覚なのであって、意図的なものではありません。ですから、強さの程度について語ることはできないのではないでしょうか。

マチウ・リカール　もちろん自然なものではありませんが、実験の目的は、他者の苦しみに意識を向けてコンパッションする強さを調整できるかどうかを確認することでした。誰かが苦しんでいるところを鮮明に想像すると、コンパッションが起こるでしょう。コンパッションが生じ、それが強まり、最終的に完全な次元へと到達するという過程を経ることでしょう。その過程で気が散ってしまうと、コンパッションは弱まって元通りになってしまうかもしれません。ですから、そこにはグラデーションやヴァリエーションがあるわけです。コンパッションを自主的に強めたり弱めたりすることは、もちろん作為的なものであって、実生活においてコンパッションを弱めるのは望ましくありませんが、この実験では研究者がそれを測定できるようにデザインしています。

タニア・シンガー　この初期の研究において、一方では慈しみとコンパッションの神経経路がどういうものかを知りたかったのです。他方では、社会的感情の制御を学ぶ能力を追究したいとも思っていました。心理学的研究にとって、人々が感情の制御をどのように学びうるかを理解するのは非常に重要なことなのです。感情を制御する脳内の力は、どんな感情であっても同じです。ですから、誰かをトレーニングしてコンパッションを強めるか、怒りや恐怖を鎮めるかにかかわらず、その力を用いることでその人は自分のすべての感情をよりよく制御することができるのです。

ここで、感情的システムおよび動機づけのシステムと、それらをどのように制御して感情的バランスと健康とを達成することができるかに関する他の研究潮流について紹介したいと思います。この研究では、脳の反応のみならず、ホルモンや神経ペプチドが信頼のような社会的な感情や行動にどのように影響するのかについても調べています。最近では、あるホルモンあるいは神経ペプチドを与えられた場合、恐怖の感覚が弱まる、あるいは信頼の感覚が強まるといったように、社会的行動が変化する可能性のあることがわかりました。最後に、この研究潮流が、私が話してきたコンパッションの研究にどのようにつながるのかを示したいと思います。

大まかに言うと、人間の脳内における動機づけシステムは三つの基本的なタイプに分けることができます。一つは「探索システム」(seeking system)や「欲望システム」(wanting system)、あるいは「誘因重点システム」(incentive-focused system)と呼ばれるもので、欲望、追求、達成、消費、欲動、興奮、そして焦燥と関連しています。このシステムに関連する感情の多くはポジティブなもので、多幸感や多くを望む感覚といったものがあります。

生存にとって非常に重要な別のシステムは、「恐怖システム」(fear system)あるいは「脅威重点システム」(threat-focused system)と呼ばれるものです。これは、危険を察知すると脳内で非常に迅速に働くシステムです。たとえば、私はクモが恐いので、クモを見るとこのシステムが働き、私は叫ぶこととなります。このシステムは、怒り、不安、嫌悪、またはパニックの感情に関係しています。身体のストレス反応を誘発することができるのですが、これはコルチゾール〔ストレスを受けた際に副腎皮質から放出されるステロイドホルモン〕・レベルの上昇と関連しています。ですから、慢性的な恐怖にさらされれば、病気になる可能性がありますが、通常このシステムは適応性のあるもので、自己防衛の感覚と、危険時に安全を確保しようとする感覚とをもたらします。

三つ目のシステム（西洋社会ではこれを忘れがちなのですが）は、「配慮システム」（caring system）あるいは「提携重点システム」（affiliation-focused system）です。すべての動物がこれを持っています。母子の結びつき、つながり、愛、そして満足にとって重要です。「誘因重点システム」（incentive-focused system）と「提携システム」（affiliative system）はどちらもポジティブな感覚と関係していますが、前者は高度の覚醒と、後者は弛緩と関連しています。何が「配慮システム」を活性化させるのでしょうか。霊長類では、グルーミング〔毛づくろい〕がこのシステムを引き起こすことが判明しています。それはまた、オキシトシンと呼ばれるホルモンおよび神経ペプチドの放出に関連しています。研究によると、マッサージもオキシトシンの分泌を活性化させます。マッサージを受けると落ち着くのはそのためです。

興味深いことに、向社会的行動はこれら三つのシステムの活性化によって動機づけられ得るのです。状態、恐怖、配慮によって、向社会的に動機づけられることが可能なのです。私は、これらのシステムが互いにどのように影響するかを簡潔に示す方法として、「配慮システム」と「恐怖システム」との相互作用に関する研究の一例を挙げたいと思います。

「扁桃体《へんとうたい》」と呼ばれる脳の部分は、恐怖や不安システムの重要な一部です。扁桃体の高い活性化は体内のストレスを引き起こす可能性がありますが、オキシトシンは扁桃体の活性を低く制御できます。動物においてオキシトシンは、母子の絆や思いやりと愛着にとって非常に重要です。野生のオオカミの脳からオキシトシン受容体を取り除くと、もはや他のオオカミとの思いやる関係を作ることはありません。オキシトシンは、社会的な絆や愛着をもたらすのに不可欠な神経伝達物質なのです。オキシトシンを鼻スプレーで人に投与すると、脳イメージング研究では、恐怖に関連した扁桃体の活性化も減少することがわかります。たとえば、私がオキシトシンを受け取った後にクモを見ることになったら、いつも私が恐れているものを見ているときよりも、気分はましになるでしょう。これにいくらか関連した実験を、信頼ゲームを用いて行いました。エルンスト・フェールがのちほど詳しく話してくれるかと思いますが[4]、信頼に関する意思決定を行う前に被験者にオキシトシンを与えると——このケースでは見ず知らずの人が、経済的な分け合う行為に対して返礼することを信頼できるかどうか——、被験者の信頼行動は大幅に増加します。

ダライ・ラマ　これは、異なる感情が脳内の生化学的プロセスに完全に依存していることを示していますね。仏教における修行の目的の一つは、その依存を減らそうとすることなのです。心的な力が増すにつれて、心は物理的要素あるいは生化学的プロセスに全面的に依存するという必要がなくなります。マチウ・リカールを被験者にしてオキシトシンのテストをするのは本当に価値があると思います。ただし、マチウの修行を損なわないという保障をすべきです。これは重要なことです。でなければ、彼は本当にモルモットです！（笑）

シンガー　それは、心的な修行だけでも同じプロセスを誘発できるかどうかという重要な問題です。

ダライ・ラマ　催眠において生じることと同じようなことが起こっていますか？　催眠はホルモンの使用をまったく伴わない……。

シンガー　よい質問ですね。ですが、それについてはわかりません。催眠によって苦痛の感覚を軽減することができるということはわかっているのですが。催眠はアヘンシステムを活性化させることによって苦痛を軽減することができます。それは休眠状態と配慮システムにも関連するものです。

私たちの研究室でも答えようと試みるつもりでいることですが、法王猊下《げいか》への質問は、コンパッションの導入と修養が、オキシトシンの摂取よりも効果的な手段であるかどうかです。というのも、普通の生活ではオキシトシンの入った容器をポケットに入れて持ち歩くことはできないわけですから。もし、コンパッションがこのシステムを活性化するならば、そうすることで主観的な苦痛の感覚を減らしたり、恐怖や不安を減らしたりできるのでしょうか。それは妥当なのでしょうか。

ダライ・ラマ　オキシトシンの摂取よりもコンパッションの修養の方が効果的な手段だと思いま

す。ただ、仏教の訓練がこれらのプロセスに作用するように見えるのは、実際の感覚や感情の強さを軽減することによってではないと私は理解しています。むしろ、枠組みについての理解が深まるように、私たちの意識している領域を拡大することによってだと思います。より大きな目標に向かおうとすれば、小さな目標を犠牲にしようとする意欲や傾向を感じるでしょう。瞑想において苦痛の感覚は軽減されます。しかしこれは、仏教的観点からすれば、苦痛の強度が実際に失われているわけではありません。むしろ、瞑想の対象に全面的な注意を払っているために、苦痛や感覚に心の焦点がそれほど合わされていないということなのです。不安や物理的な痛みを感じている人が、ピクニックに行ったり、美しい音楽を聴いたりしたとき、その間は苦痛の感覚が軽減されるのは、まさにそういうことなのです。ある種の、意識の向け直しだということですね。

シンガー　それはとても興味深いです。将来的にはそれらについての実験を行い、今後の会議で結果を報告できればと考えています。

第三章　コンパッションの神経基盤

リチャード・ダビッドソン

リチャード・ダビッドソンはウィスコンシン大学マディソン校教授、心理学・精神医学者。脳イメージングと行動のためのワイズマン研究所（Waisman Laboratory for Brain Imaging and Behavior）所長、健康心理研究センター（Center for Healthy Minds）創設者・会長。一九九一年からマインド・アンド・ライフ・インスティテュート理事であり、瞑想の実践が脳に与える影響に関する科学的研究の分野を開拓してきた。

リチャードは、子ども、コンパッションの瞑想の熟達者、そしてコンパッションの訓練をしている人々における、共感、利他、向社会的振舞いの相違にかかわる神経学的基礎についてのデータを発表した。彼の研究は、島皮質と偏桃体における活性化のレベルと向社会的振舞いへの傾向との間に明らかな相関があることを示している。

こうして法王猊下《げいか》とご一緒できるのは素晴らしいことです。私は、これまで行ってきたさまざまな環境における共感とコンパッション（他者が苦から離れるようにとの思い、共苦）に関する研究をご紹介したいと思います。まず、私たちが脳内で見ているものと、人が仕事上で行う経済的な意思決定との関係について少しお話ししましょう。

大きなポイントは二つあります。私の話はこの二つに尽きると思います。一つ目は、心理学者が共感とコンパッションの「特性レベル」（trait levels）と呼ぶものが人によって異なるということです。ここでの「特性」（trait）とは、時間の経過とともに持続する、人々の間の一貫した相違を意味します。これらの相違は、生物学的な特質における根本的な相違と関連しています。二つ目のポイントは、現代の神経科学によれば、共感とコンパッションは、訓練によって強化可能なスキルの産物とみなすことができるということです。この訓練は、私たちが脳と身体における「可塑的変化」（plastic changes）と呼ぶものを誘発するのです。

私は共感を三種類に区別したいと思います。第一は「マイナス価の共感」（negative valence empathy）であり、これは他者の苦しみに呼応する懸念や苦痛を経験する傾向です。第二は「プラス価の共感」（positive valence empathy）であり、他者の苦しみを和らげ、その他者にポジティブな感情をもたらす手段として、他者の苦しみに応じたポジティブな感情を表現する傾向です。第三は、共感についての科学的な文献では通常出てこないものです。それは仏教で言う「四無量心《しむりょうしん》」（四梵住《しぼんじゅう》(1)）の一つである「喜」すなわち「同感的な喜び」（sympathetic joy）です。これは、他者の幸福感に呼応して喜びや親善感情を経験する傾向です。

幼い子どもに関する研究について、法王猊下にまだお話ししていなかった事柄に触れたいと思います。子どもが大人のように社会化されていないということは、幼い子どもを研究する上で素晴らしいことの一つです。大人よりもはるかに表現力がありますから、大人においては見られない行動を実際に見ることができるので、子どもたちがどのように反応しているのかを明確に識別することができます。

実験では、まず子どもたちに髪の毛を梳かすしぐさを真似てもらいます。その後、実験者はクリップボードで自身を傷つけるふりをします。自分の指が傷つき、赤く変色し、本当に痛むのだと声を上げ、数秒経ってから、治ってきたと言います。そして子どもたちの反応を観察するのです。私たちは、三〇〇人以上の四歳から五歳の子どもたちをテストしました。一部の子どもたちは、典型的な心配顔や怖がるしかめっ面になり、ポジティブな感情を表すことはありません。実験者は痛みを訴えているので、子どもたちは心配の気持ちとネガティブな感情を示します。それは、マイナス価の共感であると私たちは考えています。

別の一人の子どもが、実験者の傷がよくなってきていると聞いて、「いいね」とか「すごい」と言って熱烈な笑みを浮かべています。これはプラス価の共感の例です。

私がこの事例をみなさんと共有したのは、コンパッションの種になるかもしれない子どもの頃の体験について問題提起するためです。二つの要素が明らかになっています。一つ目は心配の経験であり、二つ目は苦しんでいる相手のためによりポジティブな感情を育みたいという望みです。数人の子どもたちは、このことを自ずと示しています。三〇〇人の子どもをテストすると、さまざまなパターンの行動が見られます。子どもの間のこれらの違いは、感情的反応のパターンを直接予測するさまざまな脳機能の測定値と関連しています。

では、熟達した瞑想実践者がコンパッションを育むときに用いる脳の回路に話題を移したいと思います。実験に参加した瞑想実践者の一人でもあるマチウが、この実験について次のように語っています。「実験の目的のために私たちは、愛とコンパッションが、他のいかなる考察や理性的・推論的な思考を伴うことなく、心の中に浸透している状態を作り出そうとしました。それは時に、純粋なコンパッション（pure compassion）、無縁のコンパッション（non-referential compassion. 愛やコンパッションを特定の対象に限定しないという意味で）、または全きコンパッション（all-pervading compassion）と呼ばれることがあります」。

図3・1の円で囲まれている脳内の領域は、島皮質であり、内受容性皮質です。これは、熟達した瞑想実践者が実験室でコンパッションの瞑想を行うときに調整される、脳の重要な領域の一つです。脳の状態を評価するために、感情的な情景を彷彿とさせる音を流します。そのなかには、叫ぶ女性や赤ん坊の泣き声のようなネガティブな音があります。このような人間が苦しむ音を聴いたときに、瞑想の達人の脳内で活動が顕著になった部分を私たちは観察しました。瞑想を学び始めて間もない初心者では、瞑想が特にうまくいっているとき、またはコンパッションの意識に集中してい

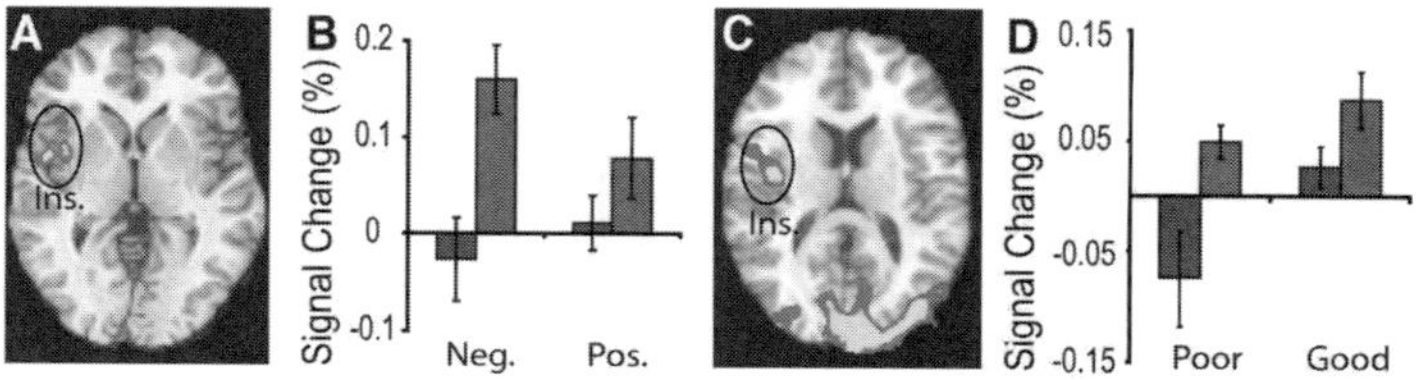

図３・１　ボクセルワイズ３要因相互作用：感情価の状態によるグループ（脳画像）.
コンパッションの瞑想を長期間行った実践者が，女性の悲鳴や幼児の泣き声のような痛ましい音に応答してコンパッションを生じた際に，内受容で重要な役割を持つ領域である島皮質が最も大きく活性化することを，脳画像は示している.

るときにのみ、少し活動します。

扁桃体も感情的なネットワークの一部です。扁桃体は感情処理の多くの異なる側面に関与しているわけですが、時にはネガティブな感情も伴います。しかし、苦しみの音に応じたコンパッションの瞑想をしている間、熟達した瞑想実践者の扁桃体は顕著に活性化します。これは私が法王猊下と探究したい問題の一つなのですが、もしかすると、熟達した瞑想実践者は、平等の感覚を育むことでネガティブな感情の音に（扁桃体における反応として）強く反応できると同時に、より早く回復することもできるのではないでしょうか。実際に、長期にわたる瞑想の実践者と実施した最近のいくつかの研究では、ネガティブな刺激に対する彼らの扁桃体の反応は初心者のそれよりも迅速に回復することがわかっています。事実、熟達した瞑想実践者の生涯における瞑想時間は、私たちが観察した脳内におけるこれらの変化の度合いに対応しています。初心者では、これが観察されず、扁桃体の反応は実際にはむしろ衰えます。

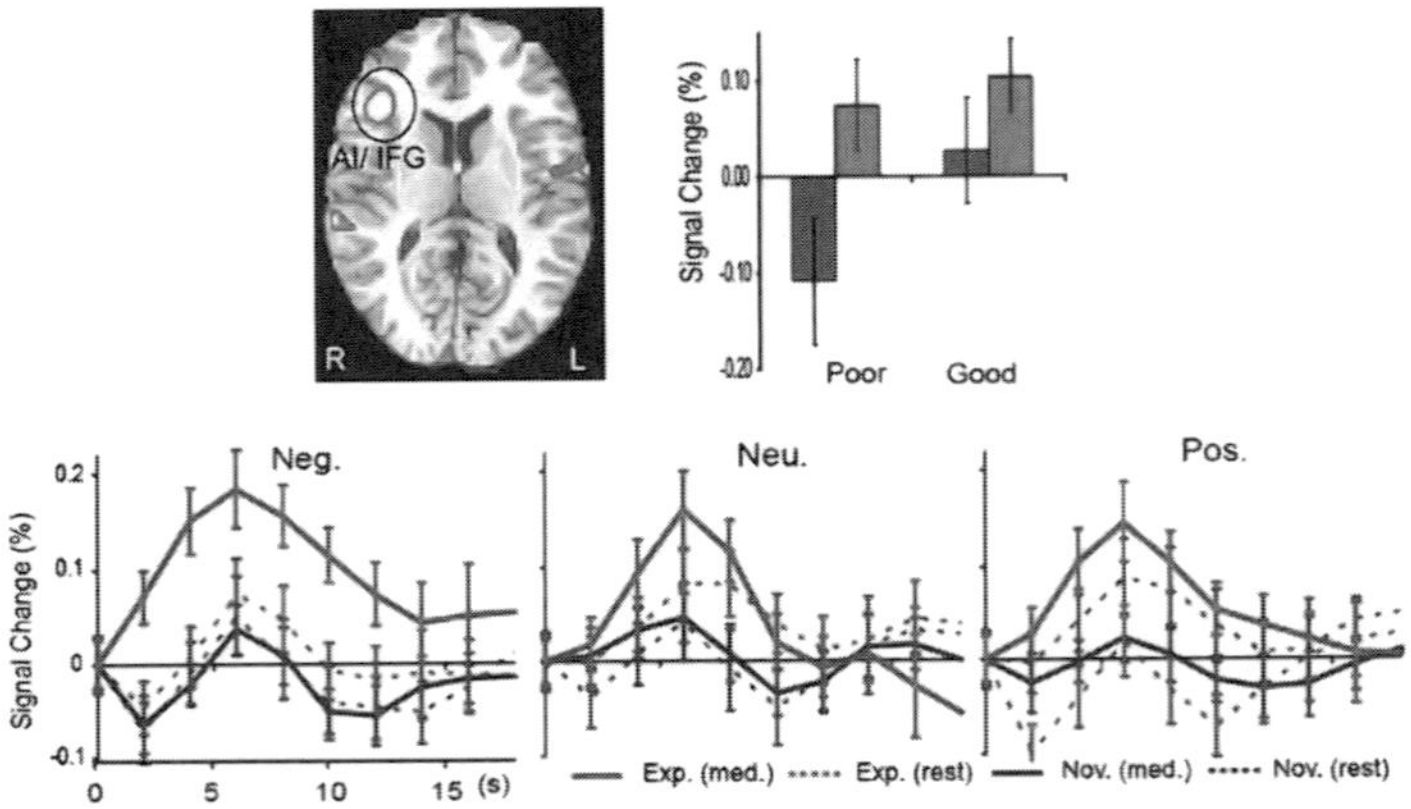

図3・2　ボクセルワイズ3要因相互作用：感情価の状態によるグループ（脳画像）.

15人の熟達瞑想実践者とその比較対象として，15人の同年齢の者が実験に参加した. 図の最下段は、ネガティブ（左），ニュートラル（中），ポジティブ（右）な音に応答した熟達者（主として上の線）と初心者（ほとんど下の線）の島皮質における信号を示している．実線はコンパッションの瞑想中の信号を，そして点線は休憩中の信号を示している．コンパッションの瞑想中の熟達者でのみ，特にネガティブな音への応答時の島皮質における信号が休憩中よりも高くなった.

トゥプテン・ジンパ　長期にわたる瞑想の実践者の場合、瞑想のプロセスの一部に愛着を抑えることを含んでいるからかもしれないですね。

ダライ・ラマ　コンパッションや配慮には、偏りのある感覚と偏りのない感覚とがあることはかなり明白です。偏りのある感覚は「私」を大切に扱っており、これは「私にとって」よいことです。偏りのない感覚は非常に客観的です。

ジンパ　平等の感覚を育む実践には、私たちが感じる愛着から離れるという導入段階が含まれているからです。

ダライ・ラマ　それは自他に対する偏った見方を弱めます。

リチャード・ダビッドソン　法王猊下、ここで瞑想初心者におけるいくつかの新しい発見に話を移したいと思います。今まで一度も瞑想したことのない人たちを二週間のコースでトレーニングします。彼らは、自らのウェルビーイング（良き生のあり方）を増進するような介入を受けると説明された調査研究に承諾のサインをし、コンパッションと慈しみのトレーニングを受けるグループ、あるいは認知療法に基づくトレーニングを受けるグループのどちらかにランダムに割り振られます。認知療法に基づくトレーニングは、参加者にネガティブな状況を再評価させ、ポジティブな結果があるとイメージさせることも含んでいます。

私たちが探究した問題の一つは、コンパッションがその向けられる対象によって異なるかどうか

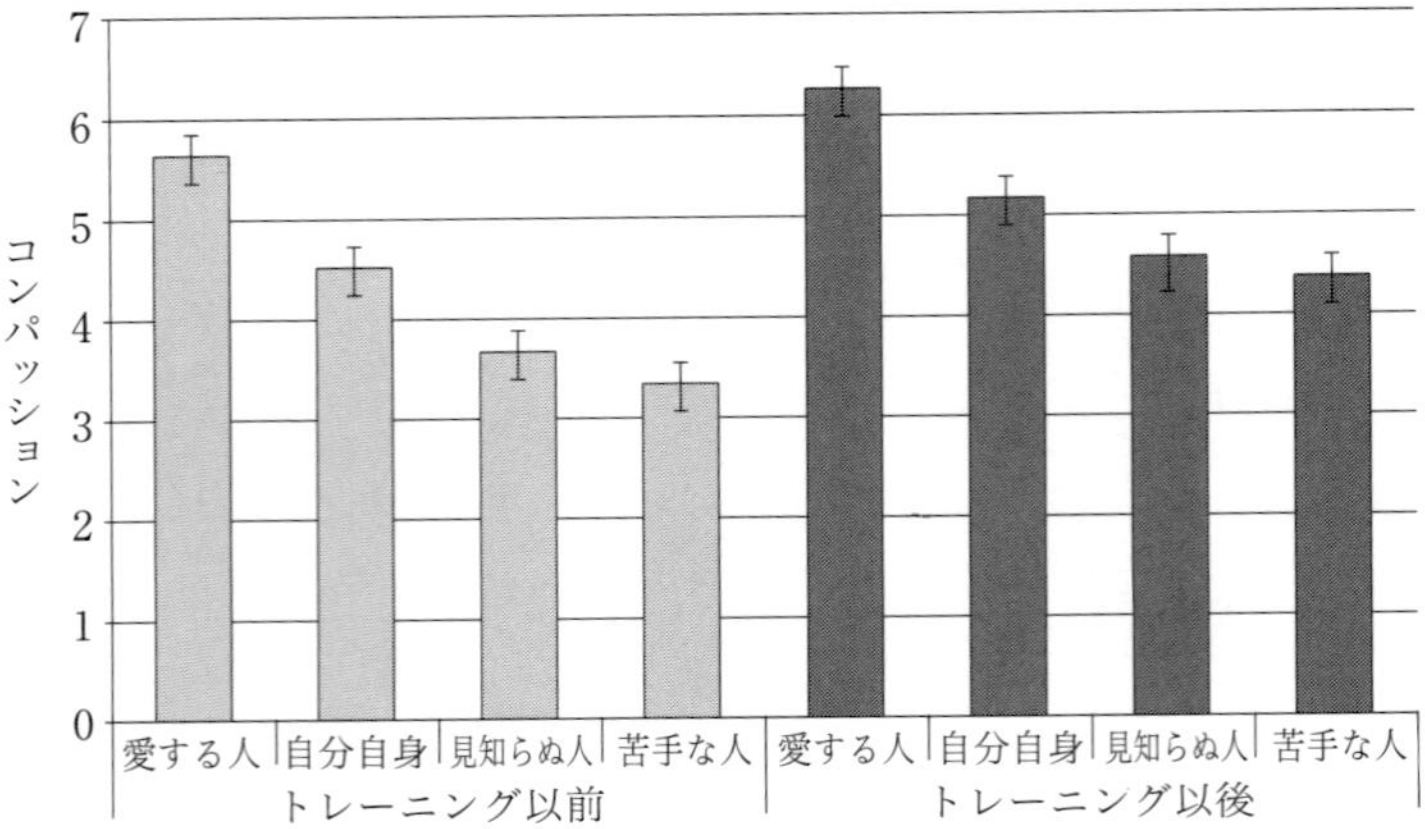

図3・3　コンパッションはターゲットによって変化するか？
参加者には彼らが経験したコンパッションの強度を0－7ポイントのスケールで評価してもらった．コンパッションをまったく経験しなかった場合は0ポイント，これまで経験したなかで最も強いコンパッションを経験した場合は7ポイントである．

ということです。そのため、トレーニングの後で参加者には、愛する人、自分自身、見知らぬ人、苦手な人に対するコンパッションを実践してもらいます。二週間のトレーニングの後に彼らに報告してもらった、見知らぬ人と苦手な人に対するコンパッションの大きさは、トレーニング前に報告してもらった自分自身に対するものに匹敵しました。たとえ一日三〇分で二週間のトレーニングであっても、目に見える変化を引き起こします。

また、彼らに経済的なゲームもしてもらいました。簡単に説明しましょう。ここでのポイントは、参加者の一人が他の二人の参加者間の経済的な相互活動を観察することです。その相互活動は公正かもしれませんし、公正ではないかもしれません。もし公正でなければ、観察している参加者には、相互活動をより利他的な結果にするために、与えられたお金を使って富を再分配する機会があります。これがこのゲームの基本的なアイデアです。

参加者の多いグループでこのゲームを行うと、富をより多く再分配する参加者ほど、より深い共感的配慮を報告するということがわかりました。彼らへの事後的なアンケートで、心の温かさとコンパッションのより深い感覚や、他者の苦しみに対する関心が報告されるのです。たとえば彼らは、「私は頻繁に、自分よりも幸せではない人には親切にし、配慮している」という意見に同意します。したがって、この作業は共感的配慮を測定するのにいくぶん有効です。二週間のトレーニングの前後に参加者の脳スキャンを行い、最後に彼らに経済的ゲームをしてもらいます。実際、コンパッションを実践するグループの方に、認知療法を取り入れたグループよりも、非常に大きな変化が見られました。二週間のトレーニングの後、この経済的な意思決定のゲームでより利他的に行動したのです。

二週間のトレーニングは、脳内の変化をもたらします。コンパッションを実践するグループの参加者の間で、脳の特定の領域、特に扁桃体および島皮質の変化の量は、経済的ゲームでの利他的行動における変化と関連しています。コンパッションのトレーニングは扁桃体の活性状態を減衰させます。ですから、二回目の脳スキャンで扁桃体のシグナルが少ないと、富のより多くの分配が予測されます。扁桃体と島皮質の両方を合わせれば、非常に精度の高い予測ができます。二週間のト

再分配ゲーム

Aステップ1：執行者は自分のお金を受取人に分け与えることができる.

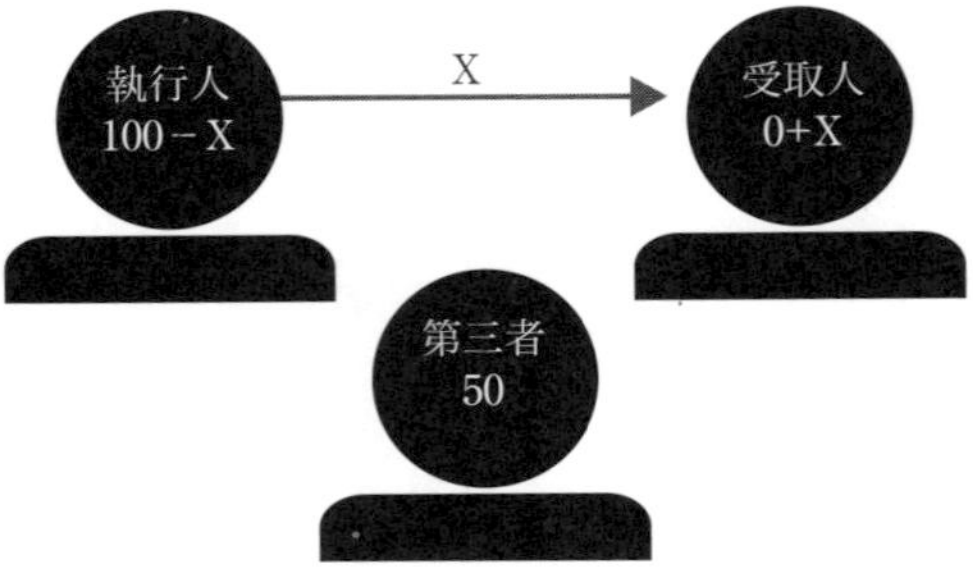

Bステップ2：第三者は執行人から受取人にお金を再分配するために
自分のお金を使うことができる.

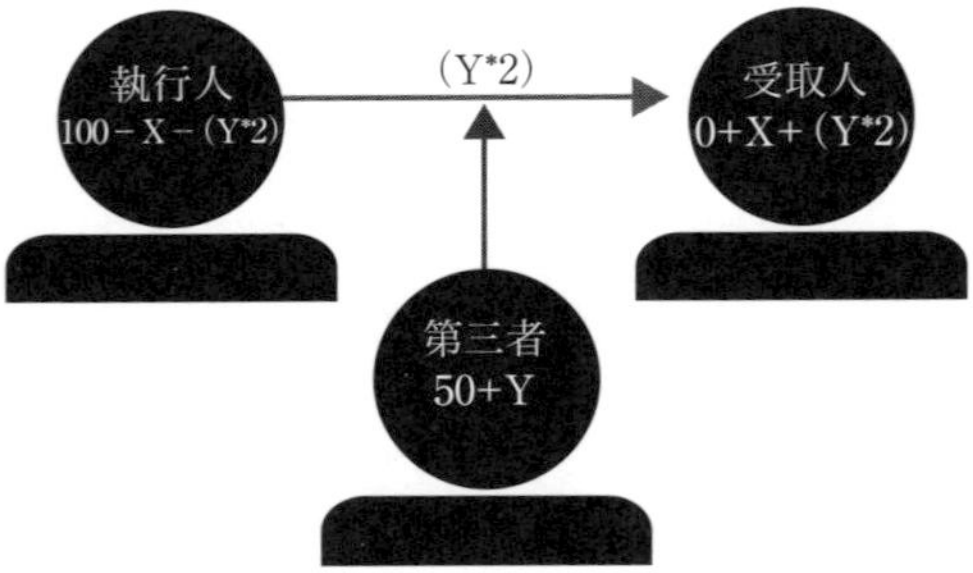

図3・4　再分配ゲーム.

再分配ゲームにおいて，100ドルを与えられた1人の参加者は執行者として，受取人である別の参加者1人にそのお金を分け与えることができるし，分け与えずに自分自身のためにそのお金を保持しておくこともできる．第三者はこのやりとりを観察して50ドルを受け取り，その一部あるいは全額を，執行人と受取人との間で100ドルをより公平に再分配されるように使うことができる．その際，第三者が使うお金の2倍の額が執行者から徴収され，受取人に与えられる．あるいは第三者は自分自身のために50ドルを保持しておくこともできる．

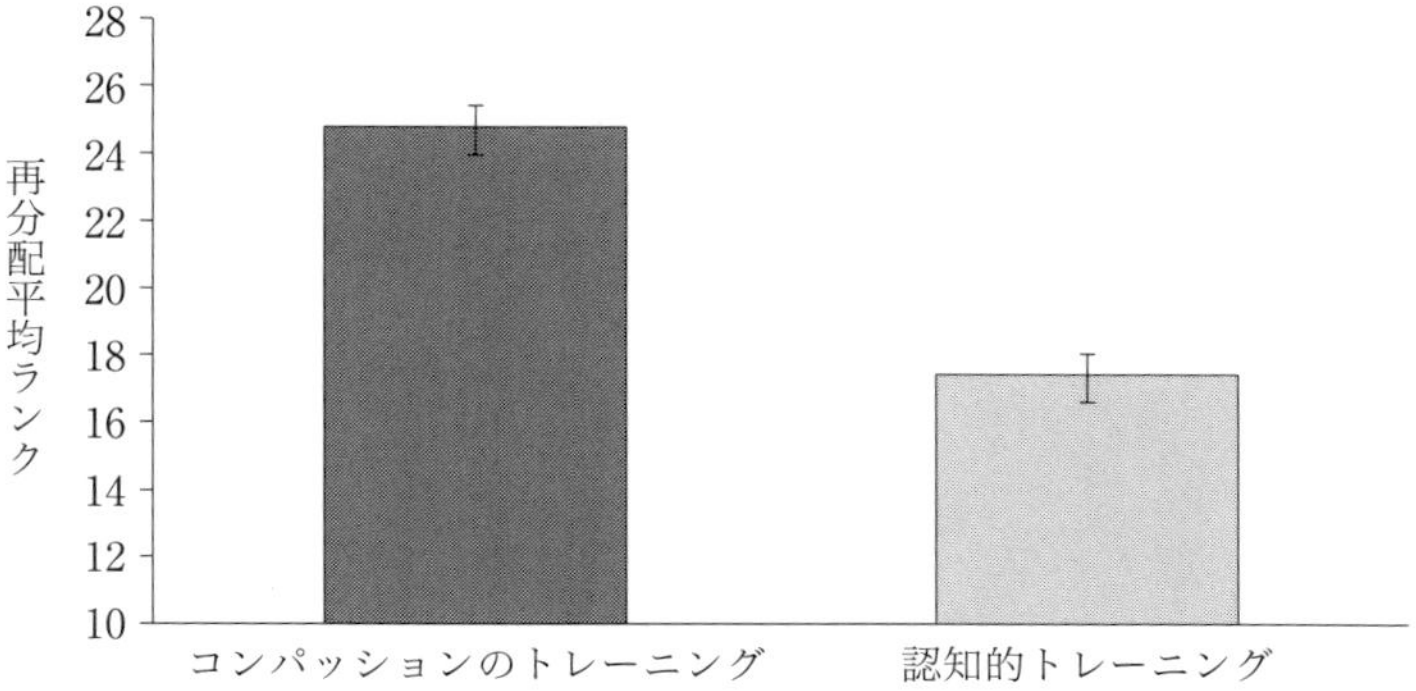

図３・５　再分配ゲームにおけるコンパッションの訓練の効果.

レーニングの後の脳に変化があればあるほど、利他的な行動が多くなります。これはコンパッションのトレーニングを受けているグループのなかでのみ見られるものであって、認知療法グループではそのような関連性を示しません。両グループの結果はまったく異なるのです。

要約しましょう。私たちは、幼い子どもたちにさまざまなコンパッションの形があることを見てきました。これらのうちのいくつかは、共感的配慮と利他的行動との初期の萌芽を表していると思います。瞑想の熟達者の間では、コンパッションの瞑想は、苦しみを表現する刺激に対する脳の反応に劇的に影響し、初心者の間では、二週間のトレーニングによって脳が変化し、利他的行動が増加します。脳の変化が大きい人ほど、利他的行動により大きな変化が見られます。そしてそのパターンは熟達者と初心者とで異なります。熟達者は、苦痛を伴ったままで扁桃体の活性化を高レベルで示すことができ、初心者は、扁桃体の活性化をトレーニングによって減らすことができます。瞑想の熟達者に見られる結果は、さきほど法王猊下がおっしゃったように、平等の感覚を育むことで得られる能力、あるいは愛着の欠如によるものかもしれません。

これらの知見は、いかにして生物学と経験とが重要な仕方で私たちの利他的行動を形作るかを示しています。しかし、利他とコンパッションとの深さや広さはあらかじめ決まっているわけではありません。コンパッションに関連する神経経路は可塑的なのです。適切なトレーニング、特に人生の早い段階から始めるトレーニングを通して、世界の大部分でコンパッションを促進することができると信じています。

第四章　利他に関する仏教的観点

マチウ・リカール

マチウ・リカールはネパールにあるチベット仏教シェチェン僧院の僧侶である。彼はパスツール研究所で細胞遺伝学の博士号を取得している。著名なチベット仏教僧であるカンギュル・リンポチェとディルゴ・キェンツェ・リンポチェに師事し、ダライ・ラマ法王のフランス語通訳を一九八九年以来務めている。作家であり写真家でもある彼は、著書の収入と時間の多くを、チベット、ネパール、インドの人道的なプロジェクトに費やしている。

マチウの発表は、コンパッション、無知、苦しみ、幸福についての仏教的理解に光をあてたものである。彼は、他者の苦しみに継続的に接することとなる看護師の感情的疲弊について触れる。タニアの研究への参加者として、そして瞑想実践者としての経験に基づき、可能性のある対策としてコンパッションの瞑想と利他的な慈しみについて語る。

最も尊敬する師であるダライ・ラマ法王猊下《げいか》の前で仏教について話すのは、畏《おそ》れ多いことです。とはいえ、こうなった以上、まさに釈迦に説法ではありますが、為し遂げるつもりです。

まずは、仏教的観点からいくつかの言葉を定義することから始めたいと思います。利他的な慈しみ、すなわち仏教における慈悲の「慈」は、すべての有情《うじょう》、すなわち心を持つ生き物が幸福と幸福の原因を有することができるようにと欲することです。

この無条件の博愛は、有情の苦しみを前にしたときには、コンパッション（共苦）という形を取ります。コンパッション、すなわち仏教における慈悲の「悲」とは、すべての有情が苦しみと苦しみの原因から離れるようにと欲することです。利他的な慈しみとコンパッション、すなわち慈と悲は、善行の結果ではありません。また、悪行に対する報いとして、慈しみとコンパッションが欠如するわけでもありません。コンパッションは、あらゆる形の苦しみを取り除こうとする欲望を意味します。どんな苦しみであろうと、誰が経験した苦しみであろうと関係ありません。利他的な慈しみとコンパッションは、人々の振舞い方や他人への接し方に左右されるものではないのです。こうした観点から、単にあなたの敵だけではなく、多くの他者に甚大な苦しみを与える敵にさえも、いかにすればコンパッションを拡げることができるかを理解することができます。ですからコンパッションのある人は、あらゆる手段でもって苦しみを根絶したいと思うのです。

暴君のような人に対してさえ利他的な慈しみやコンパッションを抱くということをどう理解すればよいでしょうか。それは、「結局のところ、彼はそんなに悪い奴じゃない。彼を休暇のためにバハマに送り出そう」などと言って、暴君のような人を好ましく思ったり、彼の振舞いを認めたり、彼の成功を願ったりすることではありません。「憎しみ、貪欲、残酷さ、無関心といったものが、この人の心から取り除かれますように」と念じて、この人を暴君のようにしてしまった原因を取り除こうと願うことなのです。これは、暴力的な人を含む、すべての人々に対して私たちが抱きうる最高の願いです。ですから、コンパッションや利他は、道徳的判断ではありません。むしろ、苦しみを取り除き、幸福を育むことへの専心なのです。もちろん、道徳的判断をすることはできますし、すべきでしょう。しかし、道徳的判断がコンパッションを妨げたり弱めたりすべきではありません。

ですから、利他にバイアスがかかっていてはならないのです。利他の対象が、親しい人や、自分によくしてくれる人に限定されてはなりません。苦楽を感じる心を持つすべての生き物、すなわち有情に対して例外なく向けられるべきものなのです。そうするためには、他者そして有情の福利を尊重する必要があります。もう一度言いましょう。利他は、親しい人だけに向けられるものでもなく、さらには人類だけに向けられるものでもありません。動物に対する接し方はしばしば、他者の苦しみを想像することの不可能性を明らかにします。魚を釣り上げたとき、あなたはその魚のことを、自分自身が釣り針で釣られたかのようには考えないでしょう。あなた自身を魚の立場に置いてみたり、魚が苦痛を耐え忍んでいることを想像してみたりすることはできません。他者の視点を得ることは、心を持つすべての生き物を尊重する土台なのです。私は苦しみたくありません。朝起きたときに、「今日一日苦しむことができますように、できれば一生苦しみ続けることができますように」などとは誰も考えないでしょう。心を持つすべての生き物の最も基本的な権利は、苦しまないことなのです。まず自分たちがそうであることを認め、次に他者も同じであると認識することで、すべての者を気にかける感覚を生み出します。それが根本なのです。

コンパッションとは苦しみとその原因を取り除こうとするものであるというとき、苦しみの原因が何なのかを理解しておかねばなりません。仏教における苦しみとは、単なる頭痛や、恐ろしい虐殺にとどまりません。仏教は、苦しみのより深い原因を、現実に対する歪んだ認識、すなわち現実をありのままに見ないことのうちに見出したのです。そうした歪んだ認識は、憎しみ、貪欲、精神的妄執を現実に重ね合わせることによって必然的に生じます。こうした苦しみの根本原因を仏教では「無明《むみょう》」すなわち無知と呼びます。無明は、電話番号を暗記していないといったような、単なる情報の欠如を意味するのではありません。それは、現実の本性についてのとても根深い無知なのです。諸現象が常なるものであるという認識や、自分自身が自律的・単一的・永続的なる実体であるという認識のような、結果的に苦しみをもたらすすべての誤った認識を、無明と呼ぶのです。

他者に利他を教えることができるでしょうか。コンパッションを教えることができるでしょうか。もちろん可能です。心には変容する可能性があるからです。しかし、私たちはその可能性を過小評価してしまっています。読み書きやピアノの演奏法、その他あらゆることを身につけて生まれてくる人間など一人もいません。教育のために一五年やそれ以上の時間を費やすのです。何らかの形で私たちは、コンパッションや利他といった人間の特質は本質的なものであると考えています。「本当の私」という言い方をしますね。しかし現代の神経科学と同じく、私たちが変わり得ることを瞑想の経験は示しています。もちろん、望んだからといって単純に変化が生じることはないでしょう。それには何らかの行動を起こさねばなりません。他のスキルと同じく、利他的な慈しみやコンパッションは育まれる必要があるのです。

これについては、法王猊下の前でこれ以上説明する必要はないかと思います。ですから、分野を横断する対話を推し進めるために、これらのアイデアを科学や研究と結びつけたいと思います。看護師や介護士といった人たちに影響を及ぼす、コンパッションによる疲労について耳にすることがよくあります。そうした人たちは、他者の苦しみに絶え間なく継続的に接しなければならないので、心情的に疲弊してしまうことがあるのです。タニアや他の研究者による研究は、他者の苦しみを認識したときに私たちの脳内で活性化する部分が、まさに目の前で苦しんでいる他者の脳内で活性化する部分と同様であることを示しています。想像だけではなく、私たちは実際に苦しんでいるのです。

そこで、看護師の状況を想像してみてください。患者は治癒するかもしれませんし、亡くなるかもしれません。幸いにも、患者が何年もの間、ひどい苦しみにずっと耐え続けなければならないというのはまれです。しかし、患者が入れ替わるごとに、くる日もくる日も他者の苦しみに接する介護士は、毎日すべての患者とともに苦しむことになります。共感的な共鳴を通していつも実際に苦しんでいます。そして時には、コンパッションによる疲労によって、バーンアウトや完全な感情的疲弊に陥ってしまうのです。

　では、介護士には何ができるでしょうか？「もうたくさんだ」と言って仕事を辞めるか、「もう感情的にはならない」と覚悟を決めるかです。患者との間に感情的な隔たりを作る、これはよいことではありません。では、他に方法はあるでしょうか。この問題をタニアとの研究のなかで探りました。タニアの指示は、利他的な慈しみやコンパッションを育もうとせずに、他者の苦しみを感じ、視覚化することに集中することでした。もちろん法王猊下が述べられたように、通常はコンパッションは自発的かつ自然に生じるものなのですが、今回は実験の目的のために、苦しみの事実のみに何度も焦点を合わせるようにしました。結果はどうだったでしょうか。一時間か二時間以内に、私は個人的にバーンアウトや苦悩、無力感を感じました。共感を通して他者の苦しみを感じれば感じるほど、利他的な慈しみがなければ、勇気は消失し、心が折れてしまいます。これは私にとって本当に驚きでした。しかしこれは、同時に慈しみとコンパッションがもたらすことのできる決定的な事柄について大きな洞察を得ることにもつながりました。

　しばらくしてからタニアは私に、苦しみのみに注意することからコンパッションの瞑想へと移るよう促しました。そうすると、利他的な慈しみの流れが堰《せき》を切ったように溢れるのを感じました。私は、他者の苦しみすべてが慈しみとコンパッションに置き換わったというイメージを持ちました。経験の完全な変化が生じたのです。苦しみはまだそこにありますし、それを感じますが、今やその苦しみは、ポジティブで建設的で勇ましい利他的な慈しみの、とても広い観点によって捉えられています。

ですから、この実験で「苦しみのみへの孤立的共感」（stand-alone empathy）と呼ぶもののように、すなわち苦しみに共鳴するだけでは、耐え難い苦悩をもたらしかねません。それは冷却水が流れない電動ポンプのようなもので、すぐに熱くなって燃えてしまいます。とても豊かな慈しみとコンパッションを自然に備えた看護師がいますが、彼らはバーンアウトしません。しかしそうでない人にとっては、リチャードとタニアが議論したトレーニング、すなわちほんの数週間で、より共感的な配慮や本当の気遣いをもたらすトレーニングが大きく役立つでしょう。慈しみとコンパッションのこの種のトレーニングは、医療界に大きな恩恵をもたらし、介護士が自分自身や患者にとってより有益な方法で職務を遂行することに貢献できるでしょう。

第五章　生存のための生物学的要求——利他再考

ジョーン・シルク

アリゾナ州立大学人間進化社会変革学部教授。カリフォルニア大学ロサンゼルス校の人類学部元学部長。自然選択（淘汰）が非ヒト霊長類における社会的行動の進化をどのように形成するのか、そして和解、協力、友情、親の投資、および向社会的感情などの、人間社会で重要な役割を果たす能力の進化のルーツに関心を寄せる。

類人猿、蜂といったさまざまな動物は、利他的・向社会的な行動パターンを示している。これらのパターンは動機づけと選択に基づくのだろうか、それとも単に生き残るための生物学的な要請なのだろうか。ジョーンが類人猿の選択と利他に関する研究を紹介した後、特に感謝を感じる能力、そして自分の行動の長期的な意味を把握する能力について、人間と動物とを比較するグループ・ディスカッションが行われた。

動物において利他が表現される方法、これについて動物学者が収集したいくつかのデータを提示し、それを人間に見られるものと比較したいと思います。学問分野によって利他の定義が異なりますので、まずは利他という言葉を生物学者の立場から説明することから始めます。

動物を利他的に行動させるものについての理解はまだまだ不完全ですが、人間と他の動物とでは重要な違いがあるだろうと言われています。利他の生物学的定義は、進化論の影響を受けています。生物学者が利他について話すとき、受容者にとって有益であり、行為者にとってコストのかかる行動を考えます。これは一般的に利他という言葉を用いるときの意味と同様です。しかしここでは、お金（money）のことではなく、私たちが遺伝的適応と呼ぶ通貨（currency）、すなわち生き残り、生殖する能力について話しています。

利他は、他の動物ではかなり一般的であることが判明しています。動物界の多くの種で、利他の例を見ることができます。私は霊長類を研究していますが、霊長類における最も一般的な利他行動は、グルーミング〔毛づくろい〕です。

なぜ彼らはこのようなことを行うのでしょうか。彼らの頭のなかで何が起こっているのでしょうか。動物の動機が何であるのかはわかりませんが、この行動のパターンについては多くのことがわかっています。それがどれほど一般的であるか、誰が誰にそれを行うのかはわかっています。この種の行動が動物にとって本当によいことであることも知られています。社会的な個体がどのようにしているのかを測定すると、最も社会的なメスの個体が最も適応度が高いことを、長期的なデータは示しています。彼女たちの赤ん坊は生き残る可能性が最も高いのです。

このエビデンス（証拠）は、社会的であることはメスにとっては何らかの形でよいことであるのを示していますが、霊長類における利他は人間におけるそれよりもかなり限定的です。それは、親族や互恵的な関係にあるパートナーに向けられる傾向がありますし、グループのメンバーに限られていて、一緒に協力できる霊長類の個体数は人間に比べて非常に少ないのです。

人間における利他のパターンについては多くのことがわかっていますので、今度は他の動物における利他が何によって動機づけられているのかを、私たちは追究し始めました。それはコンパッション（他者が苦から離れるようにとの思い、共苦）かもしれませんし、正義感かもしれません。公平性を気遣っているからかもしれませんし、他者を気遣っているからかもしれません。あるいは、それらとはまったく別の理由かもしれません。彼らはこれらのすべてを欠いている可能性もありますが、それでも利他的な行動を取り得るのです。その動機について知るため

図5・1　霊長類における協力行動.
大人のオスのチンパンジーは他のオスの毛づくろいをする. 毛づくろいは霊長類における協力行動の最も一般的な形である. 協力の他の形には, 食糧のわかち合い, 同盟, 領土防衛が含まれる.

には、動物の行動についてのわれわれのこれまでの解釈を乗り越える必要があります。

一九九六年、シカゴのある動物園で子どもがゴリラの檻に落ちました。[1] メスのゴリラが子どもを腕に抱え上げ、囲いの後ろに運んだのです。なぜ、彼女はそうしたのでしょうか。子どもが危険にさらされているのを見て、助けたいと望んだのかもしれません。これはよくある普通の解釈です。しかし、私が動物園の人々と話してわかったことですが、このゴリラはとても若い頃に赤ん坊を世話する方法を動物園の飼育係から訓練されたのだそうです（動物園では、ゴリラの母親は時に子どもの世話のやり方がわからないことがあります）。飼育係は、赤ん坊が大丈夫かどうかを確認できるように、このようなやり方で自分の子どもを運ぶように彼女を訓練したのです。

このゴリラがそのときに何を考えていたのか、どうしたらわかるのでしょうか。他者の幸福に対する配慮に基づいて助けようとしているのかどうかを判断するための実験を行うことで、この問題をより体系的な方法で調査することから着手しました。これを実施するために、経済実験からいくつかの論理を借用しました。私たちはそれぞれの個体に、異なる報酬のある二つの選択肢を与えました。その選択肢は動物の選好について教えてくれます。たとえば、ニンジンかセロリの選択肢が与えられて、私がセロリを選ぶならば、みなさんは私がニンジンよりセロリを好んでいると思うでしょう。私たちが類人猿に対して行おうとしているのは、まさにこれです。

これはチンパンジーのペアと行ったある実験です。この実験において二匹のチンパンジーたちは、それぞれ行為者とその相手という役割を果たします。行為者には二つの選択肢があります。一つは、自分と相手とが、それぞれのためにバナナを一本ずつ持っていくことです。もう一つは、自分のためのバナナを一本もらうだけで、相手のためのバナナは持っていかないという選択肢です。いささか驚くべきことに、チンパンジーはこれら二つの選択肢をランダムに選び、無差別に行動したのです。

私たちにはチンパンジーがこの仕組みを理解していると考える理由がありますが、この点はもちろん非常に重要なことです。そうでないと、実験にはあまり意味がありません。私たちはこの実験を繰り返しました。一匹の非常に不親切なチンパンジーだけではなく、異なるグループの多くのチンパンジーとともに行ってきました。

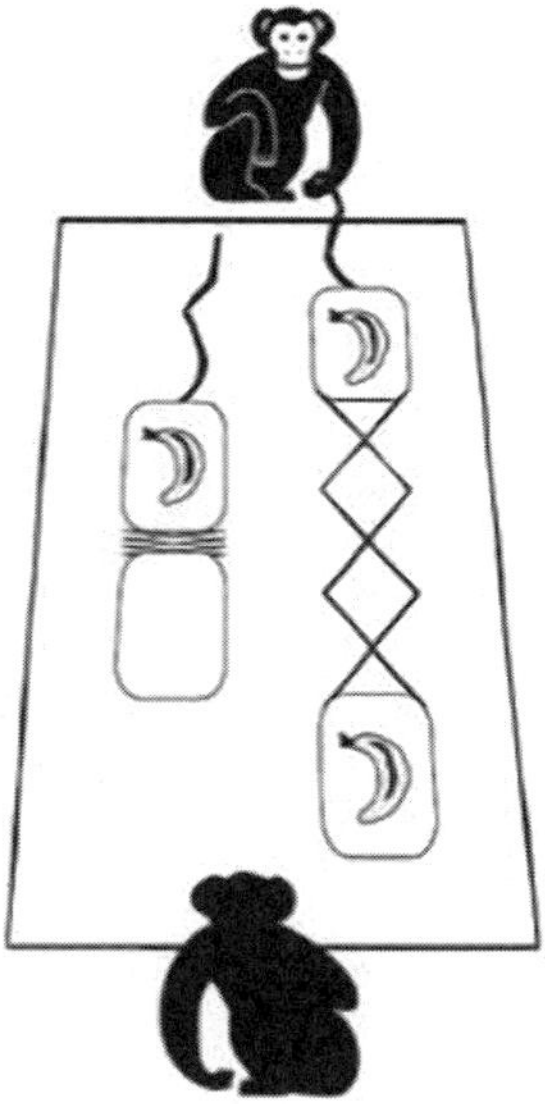

図５・２　チンパンジーは他者にとって良い選択肢を選ぶのか？
チンパンジーには二つの選択肢がある．⑴１本のバナナを自分のために取り，他のチンパンジーのためにもう１本のバナナを取る．⑵１本のバナナを自分のために取り，他のチンパンジーのためにバナナを取らない．調査の結果は，チンパンジーは⑵の寛容な選択肢を選ばないということを示している．

この種の実験は、選好に関するいくつかのアイデアを与えてくれます。チンパンジーは日常的な行動では非常に利他的であるように見えますが、私たち人間と同じような動機は持ち合わせていないのかもしれません。チンパンジーと人間とがどのように異なるのかを確認するために、人間の子どもたちとの一連の実験も行いました。四歳くらいまでに子どもたちは向社会的な選好を示すようになります。時に子どもたちは、非常に幼くても、他の子どもに報酬を与えるために自分自身の報酬を諦めることさえあります。不公正な分配よりも公平な分配を好むというエビデンスもいくつかあります。

私たちは人間以外の動物の動機を調べ始めたばかりです。霊長類についてでさえ、まだ完全な答えを持ち合わせてはいません。私たちが霊長類について知っているのは、きわめて社会的な霊長類の祖先は、特に親族において非常に強いつながりを形成し、かなり協力的ではあるものの利他の範囲は制限されているということです。これらの類人猿は猿よりもスマートで、より協力的であることもわかっています。類人猿は取引に基づいた関係を築くことさえできるのです。しかし、彼らは人間の子どもや大人がするようには他者の幸福に大きな関心を示すことはありません。

人間には、言語、文化、道徳的規範、コンパッションといった、他の類人猿には見られない多くの特徴があります。人間が他の霊長類とどれほど類似しているか、あるいはどのように異なっているかについては理解の途上にありますが、人類に一番近い種よりも人間の方がコンパッションの能力は、はるかに発達しているというエビデンスがあります。

ダライ・ラマ　励みになりますね。希望の持てる兆しです。

マチウ・リカール　法王猊下《げいか》はしばしば、拡張された利他は生物学的な利他に基づいているとおっしゃいますね。私が「生物学的な」または「自然な」利他と言っているものは、人間が進化によって継承したものであり、それは親、特に母親の愛に最もよく示されています。法王猊下がよくおっしゃるように、これは自然で、訓練する必要のない素晴らしい愛です。しかし、それは第一に私たちの子孫に、次に他の親族に、そしておそらく自分に親しい人々へと及ぶものであるため、偏りはあります。

このような利他的な愛を、見知らぬ人や、自分たちや他者に危害を及ぼす人たちにまで拡げることは非常に困難です。しかし法王猊下が多くの機会で説いておられるのは、苦しみから解放されるのをすべての有情が望んでいることは、推論と智慧に基づく認知的な訓練によって理解可能であるということ、そして彼らすべてに配慮すべきであるということですね。こうすることで、はるかに拡がりを持つ利他的な愛が生まれます。この種の利他は訓練を必要としますが、偏りがなく、苦しみの深い原因を認識することに基づいています。偏りのある利他から拡張された利他へと移行する方法について、法王猊下のご意見をうかがえればと思います。

ダライ・ラマ　第一に、コンパッションは知性に関連しています。ですから、知性の低い哺乳動物や鳥は、全体的に偏りなく見ることができないと言えるのかもしれません。現在だけでなく、将来の見通しが必要なのです。そして知性によって、より全体的に見ることができます。
花、植物はとても美しいですが、感情や認知がないので、コンパッションを育むことはできません。意識を持つ存在のみが快苦を経験します。これがコンパッションの基礎です。そして知性の助けを借りて、コンパッションを高めることができるのです。私たちを創造したのが神であれ自然であれ、私たちは社会的動物です。ミツバチを社会的動物としてテストしたことはあるでしょうか？

ジョーン・シルク　そうですね、ミツバチは信じられないほど社会的ですし、社会的な世界でしか生き残れない生物です。

ダライ・ラマ　コロニー外からきたミツバチに対して取る、コロニー内のミツバチの行動を観察した実験はあるでしょうか？

シルク　多くの動物において、コロニー内に対しては利他的ですが、部外者に対しては非常に敵対的です。

ダライ・ラマ　こちらのコロニーとあちらのコロニーのミツバチが同じ地域に長期間置かれると、彼らは最終的に混ざり合うことができるのでしょうか？

シルク　いいえ、それはできません。

ダライ・ラマ　敵意とその種の差別が、単に親密さが欠如していたり、交流がなかったりすることによるものなのかどうかが気になっています。彼らは、接触するようになって、時間とともに仲良くなることができるのでしょうか？　もちろんコロニーが生き残るために外部者は必要ありませんから、彼らは外部者を敵だと考えるでしょう。しかし、二つのグループが一緒になって、最終的に群れを成し、新しいコロニーを築き、新たにグループを作るということはあり得るのでしょうか？　異なる状況下で、小さな虫の心が変化する可能性はあるのでしょうか？

シルク　それはあり得ないと思います。

ダライ・ラマ　そうですか。生物学的に固定され、変えられないものがあるのですね。

シルク　私はそれが蜂のような動物においては、生物学的に固定されていると思います。彼らの行動には柔軟性があまりありません。このような小さな脳を持つ動物と人間とをはっきりと区別できる点は、柔軟性です。彼らは遺伝的にプログラムされており、行動レパートリーにあまり柔軟性がないのです。

ダライ・ラマ　哺乳類のなかには何らかの形の言語、互いに信号を送るための何らかの方法を持っているものがいますね？　そうした動物の脳の機能は言語を持たない動物の機能とどのくらい違うのでしょうか？

シルク　行動の柔軟性の違いということにおいてでしょうか？

ダライ・ラマ　そうです。

シルク　言語のようなものを持つ動物には非常に大きな脳があって、きわめて柔軟な行動をとり、社会学習や精巧な社会的行動のための大きな能力を潜在的に持っています。向社会的かどうかをテストして確認してみたいと思う動物がいくつかいます。そのような行動を促しているものが、彼らが住んでいる世界やグループに関する何かかもしれないからです。私はそれが類人猿の賢さの限界だとは思いません。彼らが進化してきた世界に基づく限界だと思います。

ダライ・ラマ　私が個人的に興味のある事柄で、もしよければおうかがいしたいことがあります。感謝と利他との間にはどのような関係があるのでしょうか？　他者の親切に対する感謝と利他的な行動との間に関連はあるのでしょうか？

シルク　利他、すなわち他の誰かのためによいことをするということに、他者に対する多くの理解や感謝は必要ないと思います。

リカール　法王猊下が尋ねているのは、利他的行動を受ける動物が、感謝して何かしらのありがたさを感じるかどうかだと思います。

シルク　ああ！　素晴らしい質問です。彼らは利他的行動を受けて感謝します。グルーミングされているメスは明らかにその感触に対して感謝しますが、グルーミングしてくれた相手に対する感謝やありがたさの感覚がそこにあるかどうかはわかりません。

ダライ・ラマ　まだいま一つよくわからないところがあります。たとえば、蚊のような動物は感謝の感覚を示さないように思えます。しかし、もし私たちが餌を与え、心からの愛情を示すなら、多くの動物たちはそれに感謝します。ところが蚊は、私の気分がよくてマラリアになる危険性がないと感じるとき、私は蚊に血を吸わせてあげますが、感謝の素振りなどはありません！　機会があるたびに、私は大学の先生や科学者にこれについて尋ねました。蜂たちの間に見られる向社会的行動は、果たして利他的行動として特徴づけることができるのでしょうか？　というのも実際のところ、彼らの行動は純粋に生物学的に決定されているのかもしれないのですから。私は、そうした行動を利他として特徴づけることが的確なのかどうか疑問に思っているのです。植物のような意識を持たないものたちもまた、環境に適応したり、密集に対応したりする能力を持っています。それは純粋に化学的で生物学的なプロセスです。ですから、非常に小さい動物においても同様に、単に生き残るための生物学的なものなのかもしれませんね？　それは、ほとんど自動運動のようなものです。

シルク　たしかにそうですね。しかし、これは私よりも法王猊下の方がよりよく答えることができる質問のように思います。

ダライ・ラマ　私もわからないのです。推測するだけで、わかりません。少し付け加えることができるとすれば、主な要因は全体的な視点にあるのかもしれないと思うということです。知性が高度になると、より広い視野が得られ、他者のウェルビーイングに対する関心を抱き、感謝をし、手助けをすることができるようになります。知性と長期的・全体的な視点によって、時に私たち人間は、とっさに犠牲を払ったり、長期的な利益のためにすすんで労苦を引き受けたりすることができます。動物は、翌年、翌月という幅で、またはその子孫の利益という点から考えることができる場合がありますが、しかしながら、将来を全体的に見通す能力はないと思います。ですからコンパッションに関して言うと、人間のお互いに対する思いやりは、私たちが生き残るうえで生物学的に不可欠なものだと私は考えています。他人のために、他の誰かが生き残るためにエネルギーと努力を費やすには、自らの意思がなければなりません。それは利他、愛情、慈しみ、責任感からくるものです。もちろん、それは愛着と密接に関連するものでもあるわけですが、それでもまぁ、とりあえずはOKでしょう。

II

利他と向社会的行動に関する経済学的研究

第六章　社会的ジレンマ実験

エルンスト・フェール

エルンスト・フェールはチューリヒ大学経済学部長・教授。専門はミクロ経済学・実験経済学。経済学、社会心理学、社会学、生物学、神経科学の知見を組み合わせ、近代経済学の社会学的・心理学的側面に光を当てる研究を行っている。

フェールの社会的ジレンマ実験は、利他や真の利他に対する人々の信頼を追跡調査するものであり、自己利益のみによる動機づけという経済学の長年の仮定に対して反証を挙げるものである。彼はプレゼンテーションにおいて、利他的制裁という考え方を紹介し、社会的義務における説明責任の価値について説明した。

私の仕事を法王猊下《げいか》にご紹介できる機会をいただき、感謝しています。まずは、経済学者による利他の定義についてお話ししたいと思います。私の定義は次の通りです。ある人が自分自身にとってはコストであるけれども他者に利益をもたらす方法で行動する場合、その人の行動は利他的です。行為者は、行為に伴う直接的あるいは間接的な将来の物質的利益によって動機づけられているわけではありませんが、心理的利益は経験するかもしれません。利他的な行為をすることで自分の気分が良くなったとしても、この定義によれば、それは利他的であることを妨げるものではありません。

例を挙げてみましょう。自分の子どもや友人、被災者をケアするために経済的な費用がかかる場合、税金の還付のような将来の経済的便益に関係なく、それを行うならば、私は利他的に行動していることになります。慈善事業にお金を出して良い気持ちになったとしても、それはやはり利他的な行為なのです。さて、この定義によれば利他は存在するのでしょうか？　ノーベル経済学賞受賞者の二人の言葉を引用したいと思います。一九八二年の受賞者ジョージ・スティグラーは、「自己利益と表面上従うべき倫理的価値観とはほとんどの場合葛藤するものだが、実際にはほぼ自己利益理論が勝つだろう[1]」と言っています。二〇〇九年の受賞者であるオリバー・ウィリアムソンは、よりはっきりとこう述べています。「人間はずる賢く自己利益を追求するものである。これには嘘や窃盗、不正行為などの、より露骨な形態が含まれるが、さらにしばしば、巧妙な詐欺の形をとる[2]」と。

ダライ・ラマ　それは本当に悲観的ですね！

エルンスト・フェール　これらが単なる信念に過ぎないと強調することが重要です。すべての専門家がこれらの信念にひっかかってしまったのです！　しかし、これらの信念は事実によって立証されているわけではありません。ですから、人々がこのような言葉を書き記したとき、みなそれと知らずにそのことが事実であると信じてしまったのです。私が研究を始めた二〇―二五年前は、この信念が経済学において支配的でした。だからこそ長い間、利他を研究しようとした経済学者はごく少数しかいなかったのです。自己利益に基づく行動という標準において、利他はめったに発生しない例外的な行動と考えられていました。

私と同僚はこの信念にずっと反対し、何年も前から経済的活動における利他について研究を行ってきました。この会議で発表される他の先生方が示唆するように、実験を通して利他を研究するのは難しいかもしれません。しかし、私たちが行ったもので興味深い結果が出た典型的な実験についてお伝えしたいと思います。私はそれを「社会的ジレンマ実験」(social dilemma experiment)と呼んでいます。時にはそれは「信頼ゲーム」(trust game)または「信頼実験」(trust experiment)とも呼ばれています。

実験は次のように進めます。二人の見知らぬ人が匿名でペアになります。二人はそれぞれ一〇ドルの寄付を受けます。A氏は〇ドルから一〇ドルの間でお金をB氏に渡すことができます。実験者が次に、その額を倍にします。たとえば、私がこの実験で法王猊下に一ドル送ると、法王猊下は二ドルを受け取ることになります。私が一〇ドルを送ったら、相手は二〇ドルを受け取るでしょう。今度は、B氏が〇ドルから一〇ドルの間でお金をA氏に返すことができ、これもまた実験者によっ

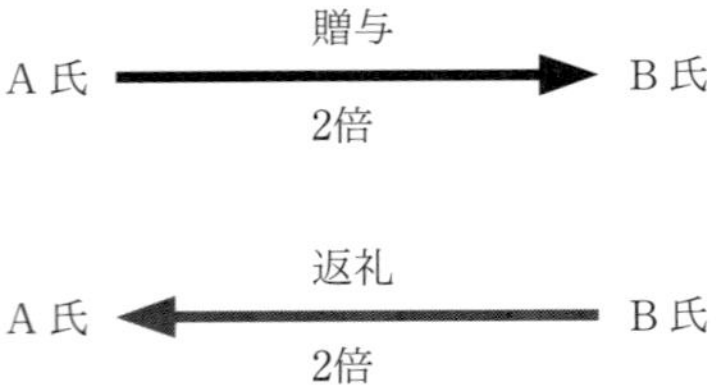

図6・1　社会的ジレンマ実験.
二人の見知らぬ人同士が匿名でペアになり，それぞれ10ドルを受け取る．A氏はB氏に10ドルまで与えることができる．そうして与えた金額を実験者は2倍にする．次にB氏はA氏にお金を返礼するかどうか選ぶことができる．この自発的で連続した交換がなされるのは一度だけで，彼らが直接顔を合わせることは決してない．

て倍増されることができます（図6・1参照）。

この実験はわざとらしく見えますが、実際にここで私たちが捉えようとしているのは経済的な交換です。私は相手にとってより価値があるものを持ち、相手は私にとってより価値のあるものを持っています。互いに商品を交換すれば、両方ともより良くなります。この実験の味噌は、これが時系列で起こることです。まず私から始めなければならず、相手の行動はその次です。普通に考えると、私がお金を全部あげれば、相手はありがとうと言ってそれをもらい、何も返さないでしょう。再び会うことはないのですから。私たちは互いのことを何も知りませんから、相手が私に良いことをしたところで将来的に得るものは何もありません。相手はすでにお金を受け取っているので、私にお金を与えても実質的に恩恵を受けることはありません。ですから相手が私にお金を与えるとすれば、それを引き起こす原因の説明は、利他と言う以外にはないのです。

B氏が何かをA氏に返せば、これは利他のよい尺度となりますが、この取引から別のこともわかります。A氏がB氏を利他的だと信じるならば、交換でその金額が倍増するため、A氏にはB氏にお金を渡す理由ができます。つまり、A氏がお金を渡す行為は、他者の利他に対するA氏の信頼を測る尺度なのです。私たちは非常に重要な二つのこと、つまり他者の利他に対する信頼、そして真の利他をここで測っているのです。この実験で人々がどのように行動するかを見てみたいと思います。

ダライ・ラマ　もし最初の人が五ドルを与えたら、もう一人はすでに持っている一〇ドルにプラスして五ドルを得た後、五ドルが実験者によって追加されるということですね。

フェール　そうです。

ダライ・ラマ　ということは二〇ドルを持って立ち去ることができるわけですね。彼はここで失うものは何もない。

フェール　はい。非常に重要なのは、二人が今後二度と会うことのない見知らぬ人であるということです。

私たちは典型的なドイツの人々、約一〇〇〇人を集めてこの実験を行いました。結果を見てみましょう。

A氏が二ドルを渡した場合、B氏は平均して三・五〇ドルを返します。A氏が一〇ドルを渡した場合、B氏は平均して六・五〇ドルを返します。たとえ不平等があるとしても、これは利他である

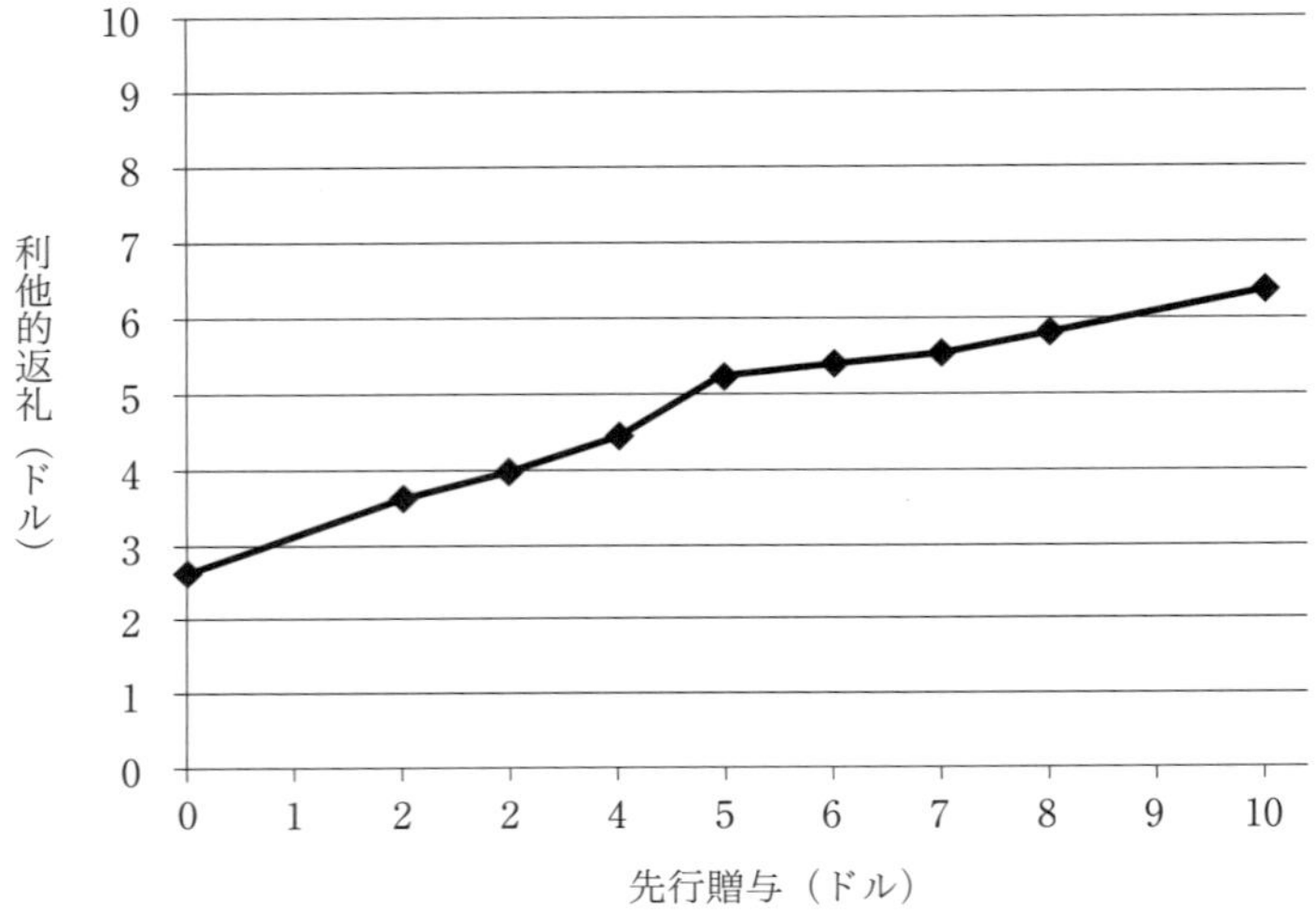

図6・2　人は利他的な返礼をなすか？

ということが重要です。

「一〇ドル？　それは少ない。それが一〇〇ドルだったなら、利他的になるのは簡単かもしれない」という人がいるかもしれません。しかし、一〇〇ドルでこの実験を行っても同じことが起こります。これらの実験を三カ月分の収入金額で行っても、人々は同じように行動します。コストがかかりすぎるので、スイスではこの実験はできませんでした。私たちは一〇〇スイスフランが大金であるような貧しい国に行く必要がありました。私たちのデータから明らかなのは、利他は低い金額に限って起こる現象ではないということです。かなりの額のお金がかかわっても、実際に利他は起こるのです。私たちはそれを観察・測定することができますし、他者の利他に対する信頼も測定することができます。

より斬新な、利他的行動の別の側面を指摘して、この発表を終わりたいと思います。私たちはそれを「利他的制裁」（altruistic sanctioning）あるいは「利他的懲罰」（altruistic punishment）と呼んでいます。自己矛盾しているように聞こえる、興味深い言葉です。

誰かを罰するとき、どのようにして利他的になれるでしょうか。この概念を説明するのに、以下のような拡張された社会的ジレンマ実験があります。マチウ・リカールと私がこのゲームをし、それを観察するオブザーバーがいます。オブザーバーは、そうですね、タニア・シンガーにしましょう。私とマチウはお互いに誰かわからないようにしますが、オブザーバーのタニアは、私たちの両方を観察することができます。マチウが一〇ドルを私に渡し、私が何も返さないのをタニアは観察します。つまり、私はある意味で、ズルをしたわけです。マチウは私の利他を信頼しましたが、私は何も返しませんでした。この実験で興味深いのは、タニアには私を処罰する選択肢があるということです。どのように処罰するかと言いますと、彼女はお金を持っていて、彼女の一ドルで私の三ドルを帳消しにするようにお金を使うことができるわけです。

彼女が私を罰する理由はどこにあるでしょうか？　マチウと私との間には暗黙の義務があります。マチウが私にお金を渡したら、私は彼に何かを返すべきだということです。ですから、タニアは私が社会的義務に違反しているので、私を処罰したいと思うかもしれません。これは重要なことです。なぜなら、彼女が今日私を罰すれば、誰かが自分の行動を見ているかもしれないと知って、明日の私はズルをしないかもしれないからです。この制裁は、利他的な機能を持っている巧みな方法です。なぜなら、それは未来の私を向社会的に行動するようにさせるからです。

リチャード・ダビッドソンは、これと関連する実験について発表しましたが、いくつかの点で重要な違いがあります。彼の再分配ゲームにおいてお金を送るのは一方的です。A氏がB氏にお金を送っても、B氏は何も返すことができません。それに対し、私たちの実験では互酬の可能性があります。また社会的ジレンマ実験では、再分配ゲームには存在しない「信頼」の次元も追加されています。最後に、拡張された社会的ジレンマ実験では、第三者は他の二人の当事者にお金を再分配することができません。その代わりに、第三者はB氏のみを制裁することができます。

ダライ・ラマ　これは、懲罰の価値についての仏教の理解と非常によく似ています。たとえば僧侶の戒律では、人が将来何か悪いことをまた繰り返すことのないようにするのです。

フェール　まったくその通りです。私たちは子どもたちに対してこうしたことを行いますね。悪い習慣が身につかないようにしたいので、利他的な動機から子どもたちを罰するのです。

ダライ・ラマ　私はよく自分の幼い頃の例を挙げることがあります。私が生徒だったとき、私の家庭教師は鞭を携えていたものでした。これは残酷な利他ですね！

フェール　タニアがこの実験でお金を使ったのは、私をより向社会的にするためなのかどうかということが、ここでの問題です。私たちは、人々がそのように行動するということを発見しました。実際、この実験ではおよそ五〇パーセントの人が利他的に処罰をしました。後でより詳しく説明しますが〔第一〇章参照〕、これらの調査結果は、経済的・社会的生活にとって非常に重要な意味を持ちます。とりあえずここで大切なのは、多くの人々が他者の利他に信頼しており、実際にかなりの割合の人が利他的に行動しているということです。

いまだに解決されていないものの、タニアやリチャードなどが部分的に解決できるかもしれない主な課題の一つは、人々の動機や人格をどの程度まで変えられるかということです。私たちはまた、多くの人々が利己的に行動することも観察してきました。彼らは利他的には行動しません。これは非常に重要です。なぜなら私たちは、利己的な人々の行動をどのようにして向社会的なものへと導くことができるかを考えざるを得ないからです。

最後に、なぜこれが重要なのかを述べたいと思います。利他は社会保障を提供します。援助が必要とされる場合は、利他的な人が手を差し伸べるでしょう。これがとても大切なことなのです。福祉国家がない場合、利他のみが頼みの綱です。実際、福祉国家そのものが、ある意味では利他的な努力の成果であると考えることができます。

利他はまた、相互に有益な経済交流を促進させます。なぜなら、利他的に行動する、あるいは利他的に罰を与える人々が社会に存在するならば、私たちは進んで義務を果たすからです。利他は、人間文化そして近代民主主義と個人の自由の根底にある協調的規範の強化を助けるのです。

第七章　仏教経済学事始め

ジョン・ダン

ジョン・ダンはエモリー大学宗教学部准教授、Emory Collaborative for Contemplative Studies の共同設立者。仏教哲学、認知科学、瞑想実践といった多様な側面に焦点を合わせた研究を行っている。チベット人学者の通訳をたびたび務めている。

チベット仏教によれば、真の幸福は、正しい知識・パースペクティブ・実践を伴った、発展に際限のない内面的なリソース（資源）に基づく。ジョンは、これらのリソースをいかにして世俗的なトレーニングを通して育むことができるかを説明し、チベット仏教僧タラ・トゥルク・リンポチェが提唱する仏教経済学のモデルを紹介した。ジョン、ダライ・ラマ法王、エルンスト・フェールは、利他を促進するに際して、諸個人あるいはシステムやルールを変えるためにそれがより効果的かどうかを議論した。

マチウ・リカールも言ったように、ダライ・ラマ法王猊下《げいか》の前で仏教について話をするのは大変なことです。まさに釈迦に説法ではありますが、がんばります。

私たちは、コストおよび、コストと利他やコンパッション（他者が苦から離れるようにとの思い、共苦）との関係について考えてきました。たとえば、エルンスト・フェールと私が信頼ゲームをして、エルンストが私に一〇ドルを渡したとします。そこで私が彼に五ドルを返せば、これまでの定義からすると、それは利他的な行為だということになるでしょう。しかし、なぜ私は五ドルをエルンストに返すのでしょうか。このゲームに参加している他のプレーヤーが、私に対して利己的であるという理由で制裁を加えるのを恐れているからです。ですから、ここでの私の動機は、エルンストを助けようとするものではなく、実に自分自身を守ろうとするものなのです。

仏教的立場からすれば、他者に利益をもたらすという目的によって真に動機づけられた行動と、コストが伴ってもそれとは異なった動機づけによる行動とを区別し得ることが重要です。動機（motivation）にあたる言葉を、チベット語では「クンロン」[1]と言います。今、私たちが議論しているのは「シェン・ペン・キ・クンロン」[2]、すなわち「利他的な動機」についてです。

利他あるいは利他的行動に関して、この動機は次のことも意味します。すなわち、他者の利益を追求する際には、罰の文脈でもそう為し得るということです。たとえば、拡張された信頼実験でエルンストにお金を返さなかったことに対して他のプレーヤーたちが私を罰するならば、彼らは私に怒ってそのようにしたのかもしれません。しかし、私の悪い振舞いを取り除く手助けをするために、そして私が二度とエルンストに対してこのようなことをせずに、エルンストに利益をもたらして欲しいがために、彼らが私を罰するのならば、それは利他だと言えるでしょう。ですから、動機あるいはクンロンの役割というのは、まさしく中心的なものなのです。

これが生み出す別の問題は、私たちが純粋に利他的な行動をとることができるかどうかということです。これは単にコストの問題ではありません。コストと釣り合いをとろうとするなら、純粋な利他は難しくなります。しかし、もしコストの問題を除き、単に動機に着目するならば、純粋な利他は可能でしょう。手短に言うと、利他はポジティブで健全な心の状態なので、利他的な行為者に常に利益をもたらす、というのが仏教の見方です。ですから、利他的な行為者自身を益することのない利他的行為というのは明らかな矛盾なので、実際にはあり得ないのです。もし利他を、単に他者に利益をもたらすことを意図した行為だと定義するならば、純粋な利他は可能です。たとえ利他的な人が意図せざる利益を偶然手に入れたとしてもです。これについてより明確にするために、仏教の文脈における、利他とコンパッションの修養に迫ってみましょう。

仏教的実践の中心的な目標は、コンパッションと利他を形作る動機づけの態度・気質・習慣を修養することにあります。これらの実践について話をするとき、私たちはまさに仏教的文脈のなかにいるわけですが、他方で利他とコンパッションを修養するトレーニングの世俗的なスタイルを開発するために、さまざまな努力と取り組みが現在行われています。トゥプテン・ジンパはスタンフォード大学の「コンパッションと利他研究教育センター」(Center for Compassion and Altruism

Research and Education）でこうした努力をしていますし、エモリー大学では私の同僚であるチベット仏教学博士（ゲシェー）ロプサン・テンジンが、コンパッションの世俗的な訓練方法の開発に取り組んでいます。タニア・シンガーとリチャード・ダビットソンの研究室も同じようなことを実施していますね。ですから、コンパッションおよびコンパッションからくる利他的な振舞いを効果的に育むための鍵となる要因は何なのか、私たちはこれを尋ねることに大きな関心があるのです。

これらの鍵となる要因の一つは、私たちの根本的な平等性と同等性の認識です。この考えはある種の仏教的な公理に基づいています。人間の振舞いには生殖への欲動があるという一つの見方は生物学の文脈で耳にするかもしれません。しかし仏教的な文脈において、有情《うじょう》すなわち心を持つすべての生き物を駆り立てるものは、幸福の探求なのです。その公理によって、私たちはすべての者を自分たちと等しいものとして認識することができます。言い換えれば、みなが幸福を求め、苦しみを避けようとするという事実が、私たちすべてを同等のものとするのです。というのも、これは私たちに共通する、根本的な動機だからです。

こうしてすべての者を根本的に同等のものと認識することによって、利他を限定的でバイアスのかかったものにするウチとソトとの区別をなくすことができます。私たちが為すべきは、このウチとソトとの区別をせずに、偏見のない普遍的なコンパッションを発展させることです。それに、短期的な目標だけでなく、長期的な目標を意識する必要もあります。そのようにする能力は、私たちの知性や、概念的仕掛けあるいは概念的訓練を用いることに依拠しています。これについての素晴らしい要網が、チベット語で「チュンジュク[3]」あるいはサンスクリットで「ボーディサットヴァチャリヤーヴァターラ」（『入菩薩行論』）と呼ばれるテキストのなかに記されています。これは七世紀の偉大な仏教者シャーンティデーヴァの手になるもので、そこで彼はこのように述べています。「いつでも自己と他者の二者は幸福を欲することにおいて共通している。自己と異なるところがどこにあろうか。なにゆえに自己だけが幸福になろうとするのか[4]」。ある種の認知的再評価であるこのタイプの概念的訓練は、仏教的実践においてコンパッションを発展させるための前行《ぜんぎょう》として多用されます。

いったん、自分たちと他者たちとの同等性の感覚を持てば、言い換えると、ウチとソトとの区別を無くせば、そして長期的目標を意識する、より大きく広い感覚を持てば、私たちの実践を拡大していくことができます。この方法の一つについて法王猊下がさきほど述べられました。仏教徒の実践方法においては、本当に愛しい者のパラダイムとして、あるいはタニアが「提携システム」（affiliative system）と呼ぶもの、すなわち内集団に対して感じるつながりや共感の自然な感覚と関連する神経生物学的システムを活性化するものとして、母を観想します。霊長類では、親とその子孫とのつながりにおいて、このシステムが特に強いようです。このシステムを効果的に活性化する方法として母親を観想することで、仏教的実践はつながりや共感の自然な感覚を利用します。そしてその感覚を有情すなわち心を持つすべての生き物にまで拡げるために、特定のテクニックを用います。チベット語で「マ・ギュル・セムチェン・タムチェー[5]」、すなわち「心を持つすべての生自分の母親が本当に嫌いです」と立ち上がって言う人が必ずいます。

ックを教えるときに、私はさまざまな場面で通訳として働いてきましたが、アメリカでは、「私は

この実践は知性に大きく依存します。また文化的要因にもわずかながら依存します。このテクニ

ンパッションへと向かう自然な傾向を獲得し、それを拡げる非常に強力な手法です。

き物は、かつての私の母親たちである」という有名な言葉があります。これは、母と子との間のコ

ダライ・ラマ　チベット人の間でさえ、そういう人がいるかもしれませんね。もちろん母親次第でしょうけれども。何人かの母親は本当に恐ろしい母親です。

ジョン・ダン　自分の母親がとてもいい人だと言える私は幸せ者です。

ダライ・ラマ　いいですね！　私の母親もです！

ダン　しかし、自分の母親に対してであろうと赤の他人に対してであろうと、常にこのような感覚を持ち続けることができる人がいます。まだお話ししていないことの一つは、なぜ仏教的観点からコンパッションを育むのかということです。ここで言いたいのはまさに経験的なものなのですが、生得的な自己中心性は、幸福の探求を邪魔するような仕方で私たちの認識を歪めるということです。言い換えると、私たちの自己中心性は、世界を明瞭に理解できないように私たちの経験を歪めることがあるのです。そして私たちには世界についての明瞭な理解が欠けているので、幸福になろうとする試みは失敗します。そうした試みは、ある意味で、非常に偏った情報に基づいているからです。

他者への関心を育むことによって、そして自己中心から他者中心へと移行することによって、智慧が得られます。これは世界をはっきりと見る、またとないチャンスなのです。利他を追求する副産物として、結果的に自分の幸福を育むことになります。ここにはある種のパラドックスあるいはアイロニーがあって、もし直接的に自分自身の幸福を育もうとしても、もし「エルンストの利益になるようなことをしよう、そうすれば私は幸せになれる」と考えたとしても、それはうまくいきません。しかし、もし本当にエルンストの利益が自分の目的なのであれば、自分自身の幸福は付随してくるでしょう。私が言いたいことはこれなのです。

シャーンティデーヴァの素敵な別の詩を引用したいと思います。「世間のあらゆる苦しみは、自己の幸福を望んで生じ、世間のあらゆる幸福は、他者の幸福を望んで生ず(6)」。素晴らしいですね。かなり挑戦的ではありますが、最も幸福な人は他者の幸福に一層焦点を合わせる人であるというのが重要な点です。

これらは、仏教的文脈においてコンパッションを実践する根本的な二つの側面です。第一は、法王猊下が述べられたように、ウチとソトとの区別を無くすことによる広い視点の獲得および知性の重要性です。第二は、観想のテクニックです。「提携システム」を有効にするために、出来事や人を想起します。いわば少量のオキシトシンを自分自身に与えるようなものですね。問題は、これら二つの側面が、コンパッションの世俗的な訓練でも効果をもたらす鍵になるのかどうかです。世俗的な文脈においても、これら二つを用いることができるのでしょうか？

ダライ・ラマ　今や明らかに世界全体が緊密に相互依存しています。まさにこれが新しい現実なのだと思います。好き嫌いに関係なく、全世界が自分の一部なのです。スイスは孤立したままではいられません。全世界から完全に独立するなどということはできませんね。あなたにも、加盟国ではないとはいえ、少なくともEU諸国と直接的なつながりがあります。それが新しい現実でしょう。こうした新しい現実があるからこそ、自分の一部として全人類を考慮に入れる利他的な態度が必要なのです。自分の未来は彼らにかかっているわけですから。普遍的な世俗倫理の必要性についても同じことが言えると思います。

ここで私は来世や天国での幸せについて話しているのではありません。まさに今生《こんじょう》について話しているのです。すでに述べたように、このことは単に仏教的な考えにとどまるものではないと思います。創造主たる神を信じる人によれば、すべては一つの源に由来します。そこに人々の同等性があるわけです。同等性というこの概念は広く応用できると私は思います。

ダン　興味深いのは、現在開発されている世俗的な訓練において、同等性に関する諸概念が自然に顕れているということです。宗教的な文脈によらずとも、こうした概念は有効のようですね。

ダライ・ラマ　その通りです。

ダン　こうした概念は、コンパッションと利他的な振舞いを生み出すのに効果的ですが、仏教的な文脈では別の問題があります。私たちの根本的な問題は、幸福の本質と幸福の原因に関して誤解することが多いということです。幸福に必要となる精神的なリソース（資源）を育む代わりに、物質的なリソースの追求に終始してしまいます。物質的なリソースが不必要だというわけではありませんが、それだけで幸福の原因となることはないでしょう。

数年前にある種の仏教経済学（Buddhist Economics）についてチベット仏教僧タラ・トゥルク・リンポチェから聞いたことを、簡単にお話ししたいと思います。私たちが求めているものは幸福なのだから、この目標につながるものこそがもっとも価値のあるリソースだ、というのが前提です。ここで言いたいのは、精査できる経験的なものですが、それらのリソースが第一に精神的なものであって、これら幸福の精神的なリソースは私たちにとって最高に価値のあるものだということです。これは幸いなことですね。というのも、それらのリソースは、他者中心的な態度によって際限なく育めるわけですから。

こうして、精神的なリソースが私たちの計算的見通しの中心になるように、経済学をシフトさせることができます。言い換えると、ある種の仏教経済学はこれら精神的なリソースを、物質的な経済的交換や費用便益分析に関連づけて理解するでしょう。こうした理解に基づいて費用便益計算を見てみると、物質的リソースにおける利得のために精神的なコストを支払っていると言えそうです。今朝、ウィリアム・ジョージと話したのですが、ビジネスにおいて怒りを示すことは、より多くの利益を得る効果的な手段となり得るという考えがあるのだそうです。問題は、怒りにはかなりの精神的なコストを支払わねばならないということです。もしこれら精神的なリソースを考慮にいれるなら、費用便益分析は変わることでしょう。

これについて物質的な観点からも言うことができます。怒りのような感情は健康に影響を与えると考えられています。精神的なリソースに対する物質的な行為の影響に気をつけていないと、壊滅的な結果がまさに直接的に生じるでしょう。

もちろん、物質的リソースの損失によってかなりの精神的な利得をもたらすことはあり得ます。これの最良の事例は仏教的文脈における布施《ふせ》です。もし布施をすれば、そこには物質的リソースの損失が生じます。しかしこの行為は、幸福につながる他者中心的な精神的リソースをまさしく育むのです。布施は常にウィン・ウィンゲーム（win-win game）だと言えます。受け取る人は物質的な利得を、与える人は精神的な利得を、それぞれ手に入れるのですから。これが仏教経済学の主要なメッセージなのではないでしょうか。つまり、ウィン・ウィン（win-win）となる機会をより多く持つための、経済的な交流を作り出す新しい方法があるということです。

ダライ・ラマ　「仏教経済学」という言葉を使うと、人々はすぐに、私たちが仏教に従った金銭志向の経済システムについて話をしているような印象を持つかもしれません。しかし、「心の経済学」（internal economics）という言葉を使えば、そうした誤解を生まないのではないでしょうか。とはいえ、それが「経済学」という言葉の正しい用法なのかどうかは疑問です。仏教には、チベット語で「パクペー・ノル・ドゥン」(7)、すなわち「聖なる七つの富」という概念があります。それには、信頼、智慧、持戒《じかい》、布施といったものが含まれるわけですが、これらについて「経済学」という言葉を用いることができるでしょうか？

ダン　それは素晴らしい質問です。この考えを取り上げている学者が何人かいます。彼らの著作はとても有益なので紹介しておきましょう。マリア・ハイム（Maria Heim）は仏教における布施について素晴らしい本を書いています。[8] アンディ・ロットマン（Andy Rotman）は、精神的リソースに言及する非常に多くの経済的メタファーがあることを指摘しています。[9] 精神的リソースを文字通りの「富」（wealth）とは呼ばないかもしれませんが、比喩的にそのように述べることはできるのではないでしょうか。

精神的なもの・物質的なもの両方について話をしているので、それを「心の経済学」と呼ぶことには問題があります。私は物質的リソースの交換が無関係だなどと言うつもりはありません。事実、仏教における精神的リソースを育む実践にとって、物質的リソースはとても重要です。

ダライ・ラマ　そうですね。

ダン　寛容な行動である布施（ジンパ・トンワ）[10] は、精神的なリソースを育む方法としてとても重要です。ですから、私たちが今話している内容は、精神的・物質的双方を含むある種のホリスティック（全体性・全体的）な経済学かもしれません。

ダライ・ラマ　ホリスティック、とてもよいですね。

エルンスト・フェール　経済学者としての考えから質問があります。経済学者は、人々の選好は所与のものだと教えられます。選好をどうにかしようとは思いません。「選好」（preference）という言葉によって私が意味するものは、人々の欲望や目標です。社会を改善し、世界をよりよい場所にしようと思うとき、経済学者が考えるのは、第一に法・制度・規制の変更であって、個人の変革についてではありません。

たとえば、多くの人々は貪欲が経済危機を引き起こしたのだと言います。それはたしかに要因の一つでしたし、もちろん一連の経緯の一部ではあります。しかし、この問題をどうしたら解決できるのでしょうか？　貪欲な人々を教育合宿にでも送り込んで、利他主義者になることを教え込むべきでしょうか？　あるいは彼らの貪欲が向社会的な方向へ向かうように法律や規制を変えるべきでしょうか？　社会科学者として、私は後者を選択しますね。法律・社会的規範・規制を変えたい。個人に特化した解決策ではなく、集団的な解決策を提供したいと思います。

仏教的観点からは、これについてどう思われますか？　人々を変えようとするときには、何に重きを置くべきでしょうか？　またそれに対して、制度や規則を変えることで社会を変えようとするときには、何に重きを置くべきでしょうか？

ダライ・ラマ　私は個人の心も社会制度も双方等しく重視しますね。人々の生き方や思考法が変わらなければ、どれほど美しい法律ができようとも、何らかの形で頽廃するでしょう。私のインド人の友人が最近次のように言っていました。連邦レベル・州レベルでの規制はとてもよいけれども、その実行はそうではないのだと。これらの責任を果たすべき人たちが、適切に実行していないのです。たとえ紙の上で美しい解決策を作り上げたとしても、それを実行に移すはずの人たちが為すべきことをしなければ、解決するのはとても困難です。

それに私たちは、そうした人たちばかりを責めることはできません。彼らは、他者のウェルビーイングに対する真摯な配慮や利他があまり強調されていない社会からきたのでしょう。彼らはそうした習慣に従います。ですから、個人の心と社会制度の両方のレベルで、そして草の根レベルで、教育に取り組む必要があるのです。よく教育システムについて議論します。もし最初から、幼稚園から子どもたちのなかに意識を芽生えさせれば、ついには利他が彼らの習慣の一部となります。そうすれば、最終的にはグローバル・レベルで社会を変える可能性もあるわけです。

インドのいくつかの僻地や、過去のチベットでも、決し玄関に鍵をてかけないコミュニティがありました。そこに住む人々は本当に正直で自制しているからです。泥棒がいないのです！　空腹な人は勝手に食べ物を取っていくことができますし、だからといってコミュニティの人々は不平を言うことはありません。こうしたケースでは、人々はかなり貧しく、何も失うものがないのかもしれません。とてもオープンで信頼関係があり、見知らぬ人がきても歓迎します。そして、彼らは平等にわかち合います。もちろん、これらはとてもシンプルなライフスタイルを持つ非常に小さな集団です。時にはより豪華で洗練された生活が、彼らの欲望を掻き立てることもあります。あなたの側であなたが欲望を増せば、他方にいる人々もまた彼らの欲望を増し、そして疑いが生じます。こうした感覚は自然に起こるものです。他のチベット人のケースをご紹介しましょう。私の友人の一人は、とても素晴らしい僧侶であり修行者で、今は北インドにある僧院の院長をしています。かつて彼の部屋を訪れたとき、鍵のかかっていない箱を見かけました。そこで私は尋ねました。「そこにある戸棚には鍵をかけていないのですね」。すると彼は言いました。「なかに何もありませんからね！」。

この出来事はミラレパというチベットの有名な聖なる詩人の物語を思い起こさせます。ある夜、彼が洞窟にいたとき、泥棒がやってきました。ミラレパは突然笑い出し、泥棒にこう言ったのです。「私が昼間に見つけられなかったものを、何か見つけたのかね？」と。

第八章　幸福の経済学

リチャード・レイアード

リチャード・レイアードはロンドン・スクール・オブ・エコノミクス名誉教授。専門は経済学。Centre for Economic Performance（CEP）の創設者・ディレクターを歴任し、現在はCEPのウェルビーイング・プログラムを率いている。失業、幼児期、メンタルヘルス、ウェルビーイングにわたる研究はイギリス内外の政策に影響を与えてきた。

多くの経済理論家は、経済的成長を促すには競争が必要であり、経済的成長は幸福をも促進すると示唆してきた。リチャードは、クオリティ・オブ・ライフ（人生・生活の質）がかつてないほど向上しているにもかかわらず、なぜ幸福度が向上しないのかについて発表した。ウィリアム・ハーバー、ダライ・ラマ、他の講演者たちも加わって、年齢、信頼、余命、社会的比較が、われわれの幸福にいかに影響を及ぼすのか、そして社会的・生物学的レベルで優先順位を変える可能性について議論した。

経済の再評価が迫られているこの時期に、これらの問題を法王猊下《げいか》とお話しできるのは素晴らしいことです。この発表ではより大きく、経済全体、社会全体を見ていくつもりです。人々の最大幸福を実現する条件を作り出すためには、経済や社会をどのように構築すべきでしょうか。これは、経済理論が二〇〇年にわたって取り組んできた基本的な問題です。

よりよい経済システムを作るための競争と協力の相対的な役割について考えるとき、個人と組織とを区別しなければなりません。みなさん、おわかりの通り、協力は個人間の関係における指針である必要があります。しかし経済学者は、組織、特に企業間における最高の関係は競争であると信じています。つまり、それぞれの組織ができる限り業績を上げ、可能ならば市場において競合他社に先んじることを目指すのです。組織がパフォーマンスを上げるためには往々にして外部からの挑戦に曝されることが必要で、そうしなければ簡単に怠惰になるか、倒産してしまいます。

協力と競争は、根本的に異なるタイプの関係です。近代経済学の創始者であるアダム・スミスは、両者の重要性を強調しました。残念なことに、その後の経済理論のほとんどは、組織間だけでなく、個人間でも競争の重要性を過度に強調する傾向にありました。経済学が「憂鬱な科学」（dismal science）と呼ばれるようになった理由はここにあるのだと思います。もちろん、経済学のなかでも見解の相違があるのですが、企業内でも企業間でも競争が必要であるという考えを推進する意見に、私たちはここ三〇年間ずっと曝されてきました。

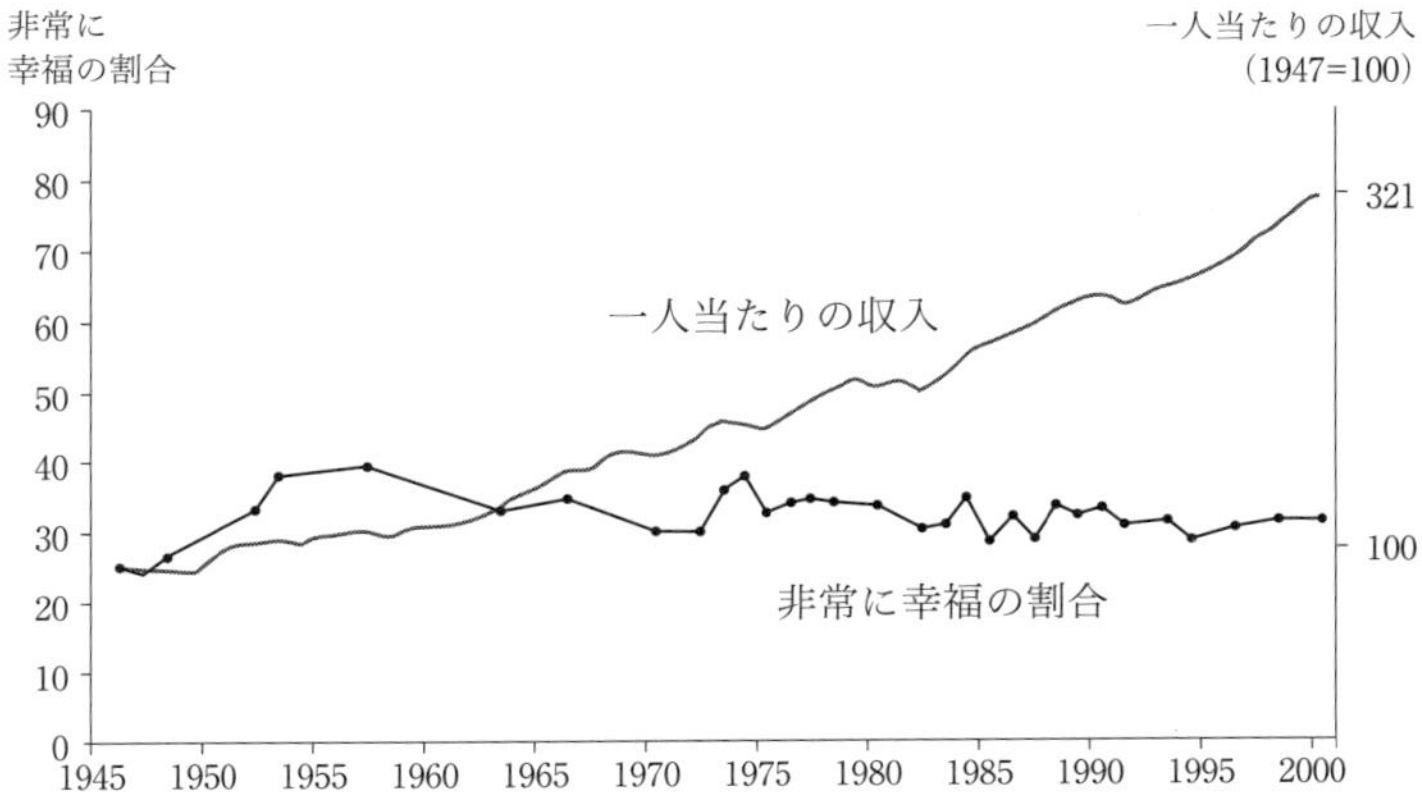

図8・1　幸福と収入の変遷（アメリカ）.
一人当たりの収入を，1947年時点の価値を100として，財とサービスの人口一人あたりの生産量で表している.

経済理論は決して陰謀ではありません。経済理論は理想主義的な知的活動なのです。市場での交換を通してのみ幸福を得ることができるという仮定のもと、自由で競争的な市場が人々の最大幸福を可能な限り生み出すだろうというのが経済理論の主たる命題です。もちろん、その理論には多くの限界があります。

問題なのは、人間の幸福にとって最も重要な事柄の多くが、市場とは関係のないところからくるということです。それらは市場的な関係ではない職場の同僚、家族、地域社会、友人、または通りで会う人々との関係から生まれます。これらもまた幸せな人生の経験において非常に重要です。

私たちは、生活のなかで競争によって収入と生産性を向上させるために、人間関係の側面をあまりにも無視し過ぎてきました。その結果、生活水準と財政収入の比類なき増加を経験しましたが、これは幸福の増加につながっていません。それがここで議論したいパラドックスです。

ここに基本的な事実があります。アメリカでは、第二次世界大戦後の一九四五年から二〇〇〇年にかけて、生活水準の大幅な上昇が見られます。しかし、自分をとても幸せだと言う人の割合は、一九五〇年代に比べて高くはありません。あまり幸せでない人の割合も同じです。

ダライ・ラマ　大戦直後の一九四五年あるいは一九五〇年以降、所得が低いのに幸福度は高くなっていますね。戦争中には多くの苦しみや不安を感じますから、その直後にはより多くの幸福を感じたのでしょう。これは安堵と関係しているかもしれません。さもなければこれらの数字は、経済が低迷し、成長が見られないときに幸福が急増するという誤った印象を与えます。

リチャード・レイヤード　イギリスと西ドイツについても同様のデータがあり、同じことが言えます。つまり、戦後以来豊かさが同程度の国々であっても、社会が豊かになるにつれて、社会レベルでは、より大きな幸福を体験することはできないのです。

ウィリアム・ハーバー　グラフを時系列で見渡すと、幸福度の変化は非常にフラットです。収入は年代の経過とともに大幅に増加しているのに、幸福度は増加していませんね。ここが私にはわからないところです。収入の数値の代わりに乳児生存率、または平均寿命を入れてみます。これらもまた年代の経過とともに劇的に上昇しますが、幸福度は増加しません。ここで示されている幸福の尺度というのは実際のところ何なのでしょうか。平均寿命が上がり、子どもが生き残る機会が増えれば、私ならもっと幸福になりますが、このデータではそうはなっていません。

レイヤード　この尺度は、人々にどれほど幸せかを尋ねたデータに基づいています。「あなたは最近の生活にどのくらい幸せを感じていますか？」「あなたは最近の生活にどのくらい満足していますか？」といったいろいろな質問をしました。さて、みなさんは「これは単に誰かが言ったことに過ぎない。それに何の意味があるのか？」とおっしゃるかもしれません。どれほど幸せであるかを自己申告してもらうわけですが、自己申告者がそれぞれ友人を一名選んで、その友人から自己申告者がどれほど幸せなのかを報告してもらうと、その友人の言うことは自己申告者が自身について報告することと、とても相関しているのです。

これは非常に心強いことです。どれほど他者が幸せなのかがわからなければ、人間社会を動かしていくことは実際のところ非常に難しいでしょう。こうしたことを言うのは、どれほど人々が幸せであるかを実際に知りうるかどうかについての懐疑的な見解に対抗するためです。実際、リチャード・ダビッドソンの研究から、私たちは時を超え、また人を超えて、個人がどれほど幸せかを言うときに連動する脳活動を特定できることも知っています。だから私たちは自己報告を真剣に捉える必要があるのです。

さて、みなさんは「収入やその他の要素が上昇しているのに、どうして人々はこうした回答をするのだろうか？」と言うでしょう。平均寿命について、一つの重要な点を指摘したいと思います。

ます。

のあり方）を測る最良の尺度は、一年当たりのクオリティ・オブ・ライフ×平均寿命だと考えていることで、人生の長さはまた別の問題です。多くの社会科学者は、一国のウェルビーイング（良き生私が話してきたのは、クオリティ・オブ・ライフ（人生・生活の質）、人生の一部の時期の生活の

ダライ・ラマ　平均寿命と幸福との間には本当に相関関係があるのでしょうか？　もちろん、身体の健康は感情と密接に関連しています。絶え間ない恐れや怒りが人生を縮めることは明らかです。しかし同時に、健康な身体や能力のおかげで長い人生を送れるからといって、必ずしも精神的に幸せであるというわけではありません。ですから平均寿命と幸福とに相関があるようには思えないのですが、どうなのでしょう？　ここにいらっしゃるみなさんは専門的に研究なさっていますが、私にはそのような知見はありません。

ハーバー　リチャードの方がよくご存じですが、一般的には、幸福は人生の間に増加すると思います。六五歳くらいがピークですね。

レイヤード　そうですね。これまでの知見によると、四五歳くらいまではかなり下がるのですが、ほとんどの人はそれから再び増加し始めます。

ダライ・ラマ　友人の幾人かが、現代世界では老いてくると役に立たないという気分になると語ったことがあります。それもあり得ることです。文化が若者向けのものであれば、歳をとるにつれて、社会との関連性がますます低くなり、非生産的であると感じるかもしれません。しかし、三〇

歳、四五歳、五〇歳と、より深くなっていく経験は、少なくともより全体的で広い視野をもたらします。そして、それは私たちの感情のバランスをよりよく維持するのに役立ちます。ですから、こうした点からすれば、幸福は人生の間に増加するというのもまさにその通りだと思います。

レイヤード　そうですね。法王猊下がおっしゃったことは、特に西洋社会において当てはまると思います。ご存じのように、私たちは老人を家族の手の届くところで保護するので、七五歳あたりから私は弱り始めます。西洋社会では老人を十分に評価していません。

ここにはもう一つのパラドックスがあります。ほとんどの人は他の人より豊かでありたいと思っています。実際に、特定の時点における特定の社会では、平均的に、より豊かな人は貧しい人よりも幸せだということがわかりました。悲しいことかもしれませんが、事実です。アメリカのある年のデータは、所得の高いグループの平均幸福度が高いことを示していますが、もちろんそれは一番上では平坦になっています。

個人がより豊かになるにつれてその個人は幸せになりますが、時とともに国全体が豊かになっても、その国がより幸福になるわけではありません。なぜなら、人々は他者と自分とを比較するからです。もし誰かがより豊かになったとしても、その人にとって重要なのは、自分が他のすべての人と比べて豊かになっているかどうかなのです。この相対的な富が、個人の幸福にとって重要なのです。

しかし、誰かの相対的な収入のレベルが上がると、必然的に他の誰かのそれがダウンします。こ

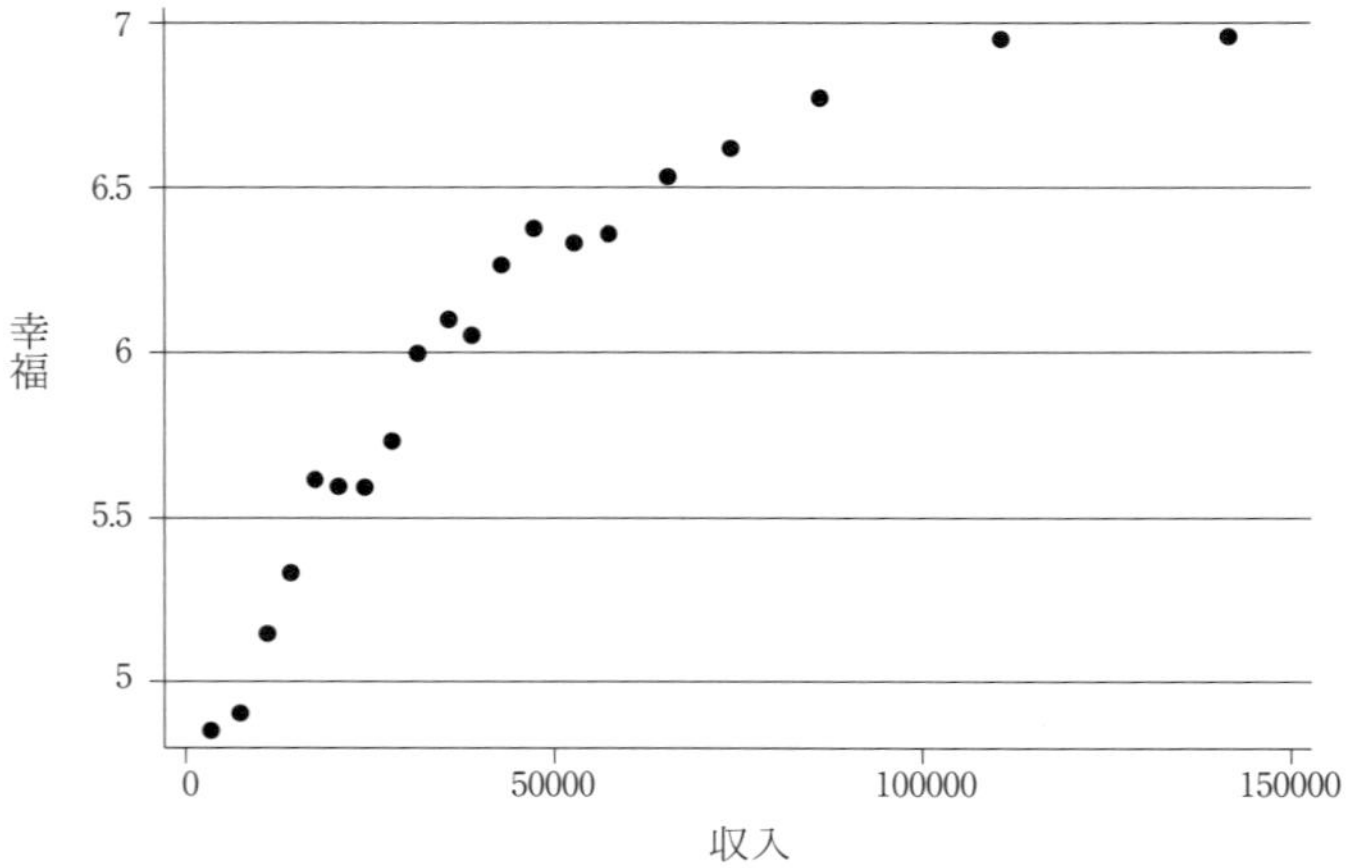

図8・2　幸福と収入（アメリカ）.

れは非常に重大かつ重要な点です。なぜなら、所得向上のための闘いが実りのないものであることを示しているからです。より高い幸福を生み出すことはできないのです。専門用語では、これを「ゼロサムゲーム」（zero-sum game）と呼びます。達成可能な総額は固定されていて、この総額から誰が何を得るかを並べ替えることしか起こりえません。ですから、収入を上げることは、社会にとっての意味のある全体的な目標ではないのです。多くの社会科学者は現在、経済成長を西側社会にとっての主な目標にもはやすべきではないと考えています。政治レベルでもその流れは始まっていて、元フランス大統領ニコラ・サルコジや経済協力開発機構（ＯＥＣＤ）などが、「進歩」（progress）の真の意味について問題提起をしています。

ゼロサムゲームの馬鹿げた競争から脱出しよ

うとするならば、私たちは別のことに焦点を合わせなければなりません。私たちの社会をより高い幸福の段階へと移行させるには、増やすことのできる幸福のリソース（資源）を見つける必要があります。そのリソースは、当事者間の交流から得られるポジティブサム（positive-sum）な活動に由来します。これが意味するのは、経済成長ではなく、人間関係にもっと注意を払わなければならないということです。

経済成長は単に物事をよりよくすることを意味するだけであって、進歩への傾倒は決して終わらないと私は強く信じています。ゼロ成長アプローチには賛同しかねます。もちろん、天然資源の大量使用を制限する必要はありますが、私たちは賢明なやり方で経済成長へとつなげるでしょう。精神の創造的な力が経済を成長させていくでしょう。それは悪いことではありませんが、最も重要なことでもありません。人間同士の関係性の質こそが最も重要なのです。経済成長率をさらに上げるために人間同士の関係性を犠牲にするなどという、近年生じていることは避けるべきなのです。

たとえば、金融業界は、金融システムの規制を緩和するよう強く主張しました。それにより経済成長が加速するという議論でした。それが長期的に当てはまるかどうかはわかりませんが、常に問題視されていたのは何がその代償となりうるかでした。この問題に思いをめぐらせた人は、経済システムの安定性の低下が代償になりうることをわかっておくべきでした。安定性の低下が意味するのは、人間の満足の最も重要な源の一つを失う可能性、すなわち失業や仕事上の関係を失う可能性です。しかし、経済学者たちの全体、特にシカゴ大学の経済学者たちは、失業の回避や経済システムの安定性よりも長期的な経済成長が重要であるとして、他の専門家たちを説得しようとしました。これは非常にショッキングな主張でしたが、かなり広く受け入れられたのです。

もちろん、競争によってもたらされる大きな経済的成功が人間の幸福にとってそれほど重要ではないのかどうかを問うことはできますが、なぜ他の形の経済的な機構を考慮しないのでしょうか？　たとえば、協力に基づく全体的な経済システムを考えるべきでしょうか？　？これはもちろん共産主義の考えだったわけですが、システムの各部分は公益に協力的に貢献すべきだというものです。

しかし、自由市場が許容されなければ、他の多くの自由も同様に許容されないということがわかりました。ここに根本的な問題があり、共産主義世界では非常に不幸な社会が作られてしまいました。グラフ（図8・3）が示すように、共産主義が終わった頃に記録された最も不幸な国々のほとんどすべてが元共産主義諸国でした。同じ所得水準の、共産主義ではない発展途上国は高い幸福度を保っており、先進国はやはりそれらの国よりも幸福でした。発展途上国と先進国との幸福水準には差があるわけですが、それは絶対的な貧困からの脱出と関連しています。しかし先進国になれば、絶対的な貧困が問題ではないという原点に戻ります。そこで問題になるのは社会のなかでの相対的な所得水準です。経済成長が幸福の成長を生み出さず、現代社会の主な目標となりえないのは、このためです。

ダライ・ラマ　イギリス人とキューバ人の幸福の水準を比較すると、キューバの方が高いと聞い

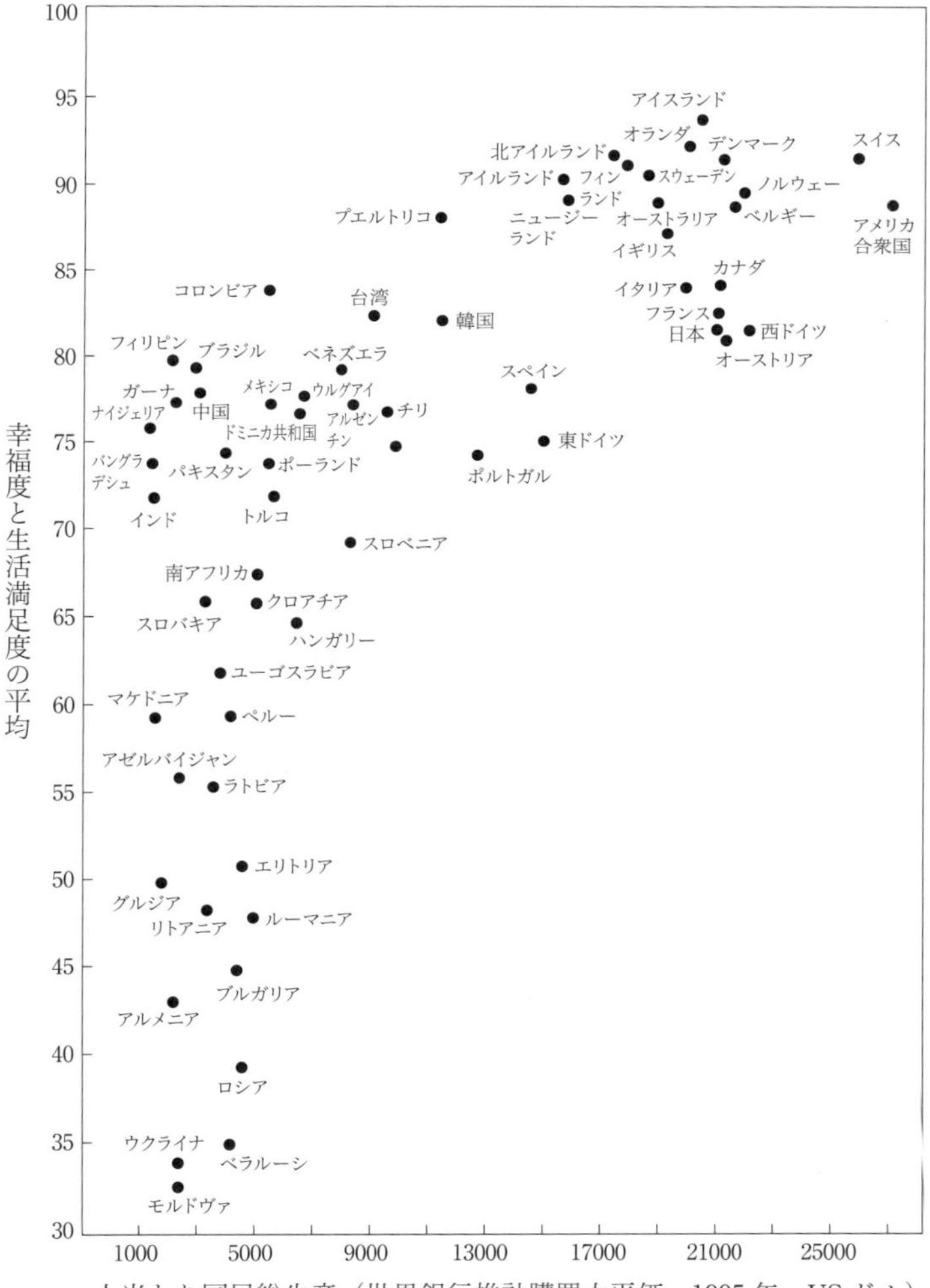

図８・３　資本主義は間違っているのか？

たことがあります。なぜそうなるのでしょうか？

レイヤード　キューバは興味深い国です。なぜなら、キューバの幸福度は、所得水準が同じような他国に比べて高いからです。そのようになるのは、協調的な精神が浸透していたためだと私は確信していますが、もちろん自由がないことによる制限も多々ありました。

幸福は世界中の多くの国が検討している政治的問題となっています。たとえばイギリスでは、GDPを測定する代わりに、統計局が人々の幸福を定期的に測定することを検討しています。これは他の多くの国でも起こっている国際的な動きです。

しかし、問題が残っています。もし幸福の水準を上げたいのであれば、どうすればいいのでしょうか？　私は二つの重要な要素があると思います。一つは他者との関係、もう一つは私たちの心の生活です。これらの両方が存在し、満たされていなければなりません。人間同士の関係について言えば、重要な問題の一つは信頼です。何年にもわたって多くの国で尋ねられてきた非常に興味深い質問があります。他の多くの人々を信頼できるか、というものです。最も信頼度が高いのはスカンジナビア諸国で、約七〇パーセントの人々が「はい」と答えています。しかし、ＯＥＣＤ諸国のなかでも、ポルトガルのような国では一〇パーセントと低いのです。つまり、非常に大きな幅があるわけですね。イギリスとアメリカは、以前は約六〇パーセントでしたが、現在は約三五パーセントにまで低下しています。

ダライ・ラマ　イギリスではこうであるとか、どこそこの国ではこうであるというように、一国

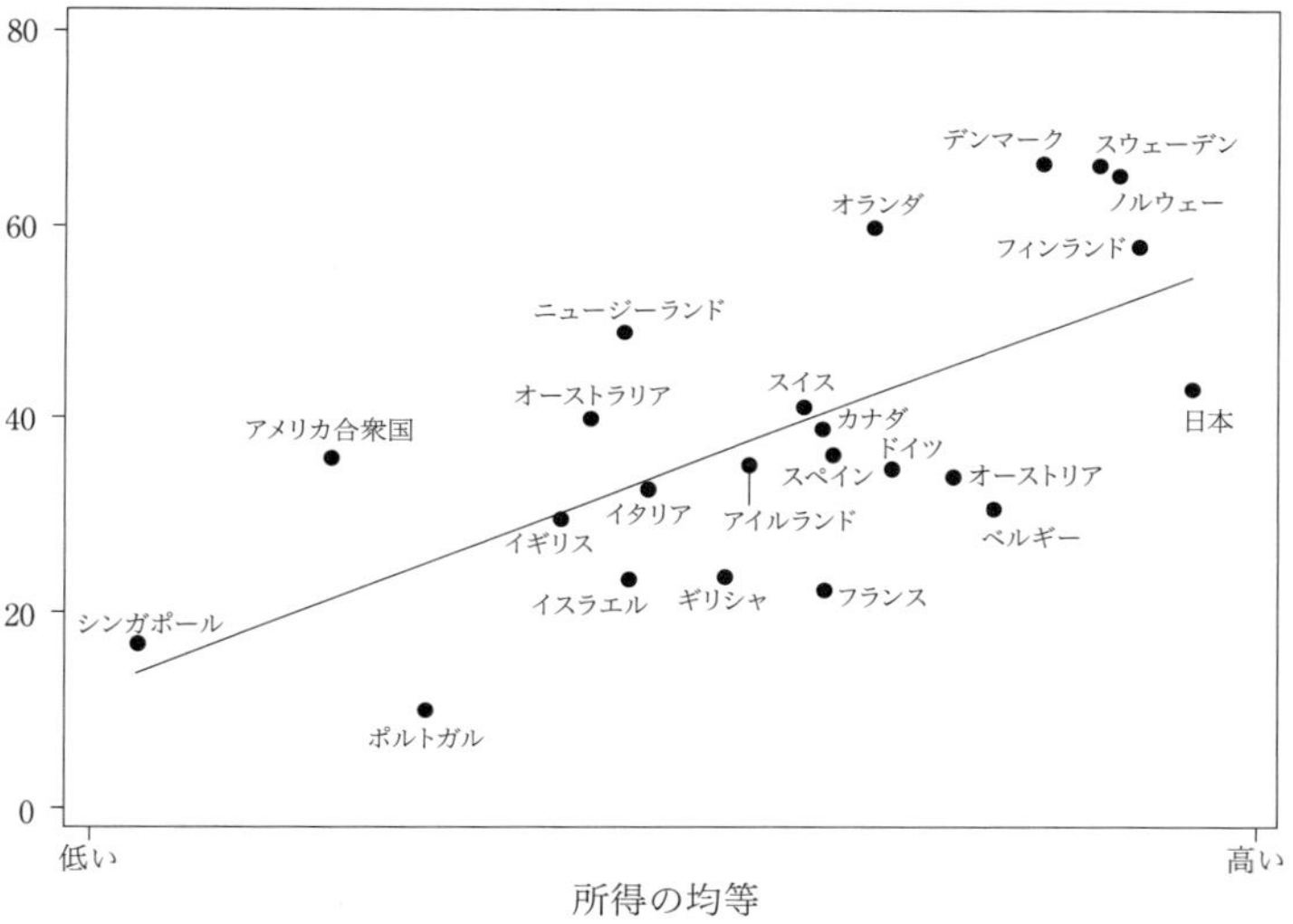

図８・４　均等と信頼.

内全体に一般化することはできないのではないでしょうか。一国内においても、大都市の人々と地方の人々との間に違いがあるのだと私は思います。地方では人口が少なく、自然に近く、農業が営まれているでしょう。小さい国、小さいコミュニティ、人口の少ないところの方が、大都市よりも人間同士の関係が強いのかもしれません。

レイヤード　それは重要な要素ですが、私はイデオロギーも非常に重要だと思っています。ここ三〇年間で個人主義がかつてないほど浸透し、できるだけ他人よりも成功することが、個人にとって正しいことだと信じられてきました。そのため多くの人々は、他者を支援者ではなく脅威として認識するようになりました。このような生活の目標に関する信念とライフスタイルとが混ざったものによって、信頼度の違いが生じているのです。

心の生活と他者への信頼をどのように改善できるのか。いくつかの考えをまとめたいと思います。信頼と密接に関連している要素は、所得の平等です。最も信頼度が高く、実際に幸福度も高い国は、北欧諸国とオランダです。これらの国はまた、所得分配の点においてOECD諸国のなかで最も平等です。不平等な国ほど、信頼度も低くなります。

ここには明らかに関連性がありますが、私は所得分配それ自体が信頼に影響を与えているとは思いません。むしろ、所得分配と信頼の両方が、平等の精神による影響と、幸福になる権利を平等に持つ者として互いを尊重すべきとするコミュニティの意識の強さの影響とを受けていると思います。これは他のどの西洋諸国よりも北欧諸国にはるかに強く定着しており、そこでの生活のさまざまな局面において意味を持つのです。

幸福の平等な権利に対する各人相互の尊重と配慮という強固な基盤の上に、私たちはどのようにして社会を再建できるでしょうか。社会政策においては、学校が非常に重要だと思います。相互尊重のエートスを創出するには学校を利用しなければなりません。そうした観点から価値観に基づく（values-based）教育を提供する学校のグループがイギリスにあり、ライフスキルを向上させるための客観的事実に基づく（evidence-based）優れたプログラムを持っています。職場では、チームの各メンバーの貢献度を個々に切り離してそれぞれに異なった報酬を与えるのではなく、グループの貢献度と達成度に基づいて全員に報酬を与えることによって、チーム内で協力の精神を生み出さねばなりません。

私は心の生活に関する専門家ではありませんが、精神的な問題を抱えている人々に対する支援の改善に尽力してきました。彼らが社会で等閑視されている事態はきわめて深刻です。なぜなら、精神的な問題それ自体とその解決策について、社会のなかではほとんど理解されていないからです。イギリスでは若者の間で精神的な問題が増えているというエビデンス（証拠）がありますが、それだけではなく、新しい心理療法の成功率のエビデンスもあります。新しい心理療法というのは、自己を俯瞰《ふかん》し、理解し、ポジティブな側面を促進するといった、仏教思想と共通する多くのアイデアに基づいたもので、科学的にも評価されています。

私がかかわっている新しいイニシアティブについてお話しして締めくくりたいと思います。私たちがイギリスで間もなく開始しようとしている、「幸福のためのアクション」（Action for Happiness）というマスムーブメントを通じて、私たちの文化を変えたいと思っています。願わくば、他の場所、他の人たちにもこの運動が波及して欲しいのです。公私を問わず、幸福をより多く生み出し、苦しみをより少なくしようと努力することに人々がコミットする、そしてそのマニフェストを持つというアイデアです。ウェブサイト上の宣言に署名することで、同じ考えを持つ人々のグループを形成することができます。もちろん支援が必要でしょうから、ウェブサイトでは、心の平和または社会の平和を促進するためにグループが実施できるような数十の提案を掲載する予定です。イベント等の支援なども準備するつもりです。

ダライ・ラマ　それにはとても励まされます。これまで人々は経済発展の重要性ばかりを強調して、精神的・肉体的なエネルギーのすべてをそこに集中してきました。最近、インドの首相がワシントンで次のようなことを述べていました。インドは、経済面では中国に後れを取っているものの、民主主義、独立した司法、透明性、表現の自由、自由な情報など、中国に欠けている価値を持っているのだと。彼がこれらの要因に注意を払っていることを聞いて、私はとてもうれしく思いました。たとえば、G7、G8、G20などでは、誰もが経済的な事柄に焦点を合わせている一方、その他の価値、すなわち幸福や満足、個人の自由、信頼と尊敬に基づく真の協力といった事柄には誰も注意を払っていません。真の協力は、最終的に他の人の権利を尊重し、他者を慈しむことに基づくものだと私は考えています。

会議の席で「あなたを必要としています」という言葉だけを話していたスーフィーの実践者に会ったことがあります。全世界は今、こうしたコンセプトを必要としていると思います。私はしばしば、「彼ら」という概念を取り除くべきだと人々に伝えています。「私たち」で十分でなければなりません。全世界は「私たち」の一部なのですから。これは必ずしも昔ながらの考え方である必要はなく、利他のために自分の利益を忘却する必要もありません。私は幸福になりたい、だからそれを達成するためにあなたが必要だ、ということです。これは経済だけでなく、他のあらゆる事柄においても同じです。そのような気持ちや見方を育めば、信頼を築けるでしょう。まずは他者に手を差し伸べるのです。相手の反応はそんなにポジティブではないかもしれませんが、それに応じて対応すればいいのです。しかし、自分から手を差し伸べることなく、他者からの好意を期待するのは間違いです。自らイニシアティブをとるべきで、そうすることによって相手がポジティブに反応する可能性はより増えると思います。

ここにいるみなさんが内面の価値に焦点を合わせてくれて、本当に感謝しています。私は、内面の価値に関心があるだけでなく、それが幸せな世界を築く上で最も重要な事柄だと切に感じています。他者に配慮し尊重するようになれば、不正行為や搾取やいじめをする余地がなくなり、信頼が得られ、よい意味での競争も起こります。私は親愛なる人や友人と平等でありたいと思いますが、ポジティブな競争は問題ありません。一番になるために他人の邪魔をしたり、障害を作ったりすることは、ネガティブな競争ですね。それに対し、ポジティブな競争はとてもよいものだと私は思います。

エルンスト・フェール　リチャード・レイヤードが示してくれた、自分を他人と比較することについてのデータは、本当に決定的に重要だと思います。私たちは自分自身を他人、友人、同僚、隣人と比較し、他者の収入が増えると自分の幸福が低下するということを示しています。衝撃的な事実です。

その根っこにあるものは社会的比較、すなわち私たちの幸福は、物質的な事柄において他者よりもどれほど優位に立っているか次第だということです。そして、ここが難しい点なのですが、このことは生物学的に言って生物に組み込まれているものなのです。実験データによると、ウィリアムと私が二人で仕事を成功させて、しかし何らかの理由で私が一〇〇ドル、ウィリアムが五〇ドルを得た場合、私の脳は二人とも一〇〇ドルを得た時よりも幸せだと私に語りかけるのです。これが社会的比較のプロセスです。

幸福が社会的比較に依拠するということが生物学的に言って組み込まれている以上、私たちがこの点について前進するためには、人々を変えるということを考慮する必要があります。他者より優位でありたいという欲望や、他者の成功を苦々しく思う気持ちを変える手立てが必要です。これは、仏教の企てにまったく新しい次元をもたらすのではないかと私は思っています。私たちにとっても挑戦です。これらの有害な社会的比較を取り除くためには、制度的な変更に加え、社会生活や私生活をどのように再編成しうるかについても考えなければなりません。これは人格の変化なしには不可能だと私は思います。

ゲルト・スコベル　しかし、生物学的に言って生物に組み込まれたものを変えることはできるのでしょうか？

フェール　脳内で起こっていることすべてが純粋に生物学的に言って組み込まれたものだというわけではありません。私たちが脳内で見ているものは、社会生活における経験の結果であることが非常に多いのです。私が「生物学的に言って生物に組み込まれたもの」と言うとき、それは変わり得ないものという意味ではありませんが、脳のなかの深いところにあるものなのです。他者が自分よりも成功すれば、自分自身の脳内における報酬システムの活動は少なくなります。ここを、教育と訓練を通して変えなければなりません。

ダライ・ラマ　あなたの考える方法が脳のレベルに反映されるならば意味があります。私たちは物質的な物事や金銭をあまりに重視し過ぎているように私には見えます。私たちはお金が幸福の究極の源であると信じているのです。しかし、心の幸福を大切にすれば、たとえ貧しくても、億万長者よりも幸福かもしれません。社会全体が、物質的な物事の価値ばかりを強調し、心の価値に十分な注意を払っていないのです。これは間違っていると私は思います。ここで紹介されたみなさんの研究と議論は、人間の幸福を理解する上でより多くの観点を加え、より多くの気づきをもたらすのに役立つことと思います。

私たちはいつも、ひたすらお金と権力に目を向けてばかりです。他にも幸福の源があるとわかれば、それらにもっと注意を払うようになるでしょう。そうすれば、おそらく変化の可能性はあると思います。ですからエルンストが机上の話だけでなく、何らかのムーブメントやアクションを計画していることにとても感銘を受けています。私たちにはそうしたことが必要なのです。ありがとうございます。

第九章　なぜ人々は慈善活動をするのか

ウィリアム・ハーバー

ウィリアム・ハーバーは、オレゴン大学教授。専門は経済学。人々が慈善の寄付を行う理由を研究している。その研究のなかで、経済理論から fMRI ニューロイメージングにいたる方法を用い、「ウォーム・グローの動機」が寄付への強いインセンティブ（誘因）であることを示そうとしている。

ウィリアムの発表は、慈善による寄付の経済的コストと心理的メリットに焦点を合わせたものである。多くの人々はたとえ寄付が純粋な利他によって動機づけられているとしても、他の誰かがやってくれるだろうと期待して、何も行わないだろうと経済学者は主張する。ウィリアムは、ウォーム・グローの利他、すなわち利他的行動を行う者自身が温かな気持ちになって満足するような利他が、寄付者の利益に焦点を合わせた寄付への重要なオルタナティヴ（代替的）な動機である、と主張した。

現代の経済システムは、リチャード・レイヤードが指摘したように、完全にではないかもしれないけれども一般的には、特に貧困者にとって幸福が増すように機能するよう設定されています。現在のシステムにおいて、自己利益は社会全体にとってよい結果をもたらします。それが機能する方法は、実際にはとてもシンプルです。他の人が価値を見出すならば、自分の作ったものを売ることができます。他方で、他の人を傷つけるようなことをすれば、代償を払わねばなりません。これらは市場資本主義システムの本質的なルールです。

このシステムの中心的な要素は、価格（price）の概念です。価格には二つの役割があります。第一に、人々にインセンティブを与えます。もしあなたが生産者なら、価格は消費者から得るお金の量であり、そのお金を自分の好きなものに変えることができます。価格はあなたに、熱心に働き、より安く生産する方法を見つけ、人々の欲しいものを供給しようとするインセンティブを与えるのです。これは卑劣な振舞いではありません。むしろ人々にとってよい振舞いなのです。

この市場システムで価格が持つもう一つの役割は、情報を提供することです。あなたが何かのために進んでお金を払っているとき、私はあなたとってその何かがどれほどの価値があるのかを知ることになります。これは社会を機能させるための重要な情報なのです。すべての人の幸福を増進するようにシステムを構築するためには、どれほど多くの人が異なったものに価値を見出しているのかを知る必要があります。価格が果たす役割は、とても興味深く複雑ですが、とても美しくもあります。私たちが作り上げたこのシステムは、とても精妙かつ意図的なものです。しかし、この美しいシステムには大きな「逆接」があり、それは明らかに私たちが今日ここに存在する理由そのものなのです。

価格は島のように孤立したものではありません。価格の影響はしばしば波及します。私が何かを生産するとしましょう。その生産過程で何らかの汚染を生み出し、他の人を傷つけることになります。そして時には、私が彼らに補償しなくてもよいような規則が作られます。経済学者が「外部性」（externality）と呼ぶものですね。その論理はとても単純です。もし私があなたに与えたダメージに対して補償する必要がなければ、私はそれを無視することができますし、もし私が自己利益を考えるなら、補償することなど気にかけないでしょう。価格はインセンティブと情報を与えるものですから、価格がなければ、私の生み出した汚染があなたをどれほどひどく傷つけたかわからないのです。

それは別の仕方でも機能します。社会にとって非常に価値のある重要なものがあります。それは、補償する必要のない人々を益することで生み出されるものです。この例はたくさんあるのですが、そのなかの一つの具体的な事例についてお話しします。

私たちの多くは、福祉・援助・社会の貧しい人々のための支援を大切に思っています。貧しい人のウェルビーイング（良き生のあり方）は、市場において価格が付与された財（market good）ではありません。公共善（public good）なのです。もし私が気にかけていた貧しい人のウェルビーイングが向上すれば、たとえ彼の状況を改善したのが私ではなかったとしても、私は幸せに感じます。ですから、私は自分のお金をかけることなく、ウェルビーイングの感覚を得ることができるわけです。他の誰かがお金をかけて貧しい人を助けることを望むと同時に、私はそれを自らの楽しみとすることができるのです。

その結果、自分たちの社会における低所得者や貧困国に対するサポート・援助・支援といったものが十分に行き届かなくなります。豊かな国々は貧困国を十分に援助することはありません。というのも他の誰かが援助することを望むからです。こうした状況は解決されねばなりません。そのためには二つの選択肢があり得ます。第一は慈善の寄付に頼ること、第二は貧しい人をサポートするために課税したり、支援金を義務づけたりすることです。

この問題への対処法は国によって大きく異なります。アメリカでは、六八パーセントの家族が、貧困層への支援だけでなく、文化的・教育的な機関や他の組織にも、あらゆる種類の慈善目的で支援をしています。多くの人が慈善活動を行っており、収入の約二パーセントを寄付しています。収入に占める寄付の割合は、国によって大きく異なります。イギリスでは約一パーセント、フランスでは〇・三パーセント、イタリアでは〇・一パーセントです。

アメリカにおいてその割合が大きいのは、スイスやイギリスとは異なり、貧困層に対する政府の支援が少ないからです。ここで私が言いたいのは、ある国が他の国よりも寛容だということではなく、寛容さにはさまざまな形があるということなのです。収入の違いによって興味深いヴァリエー

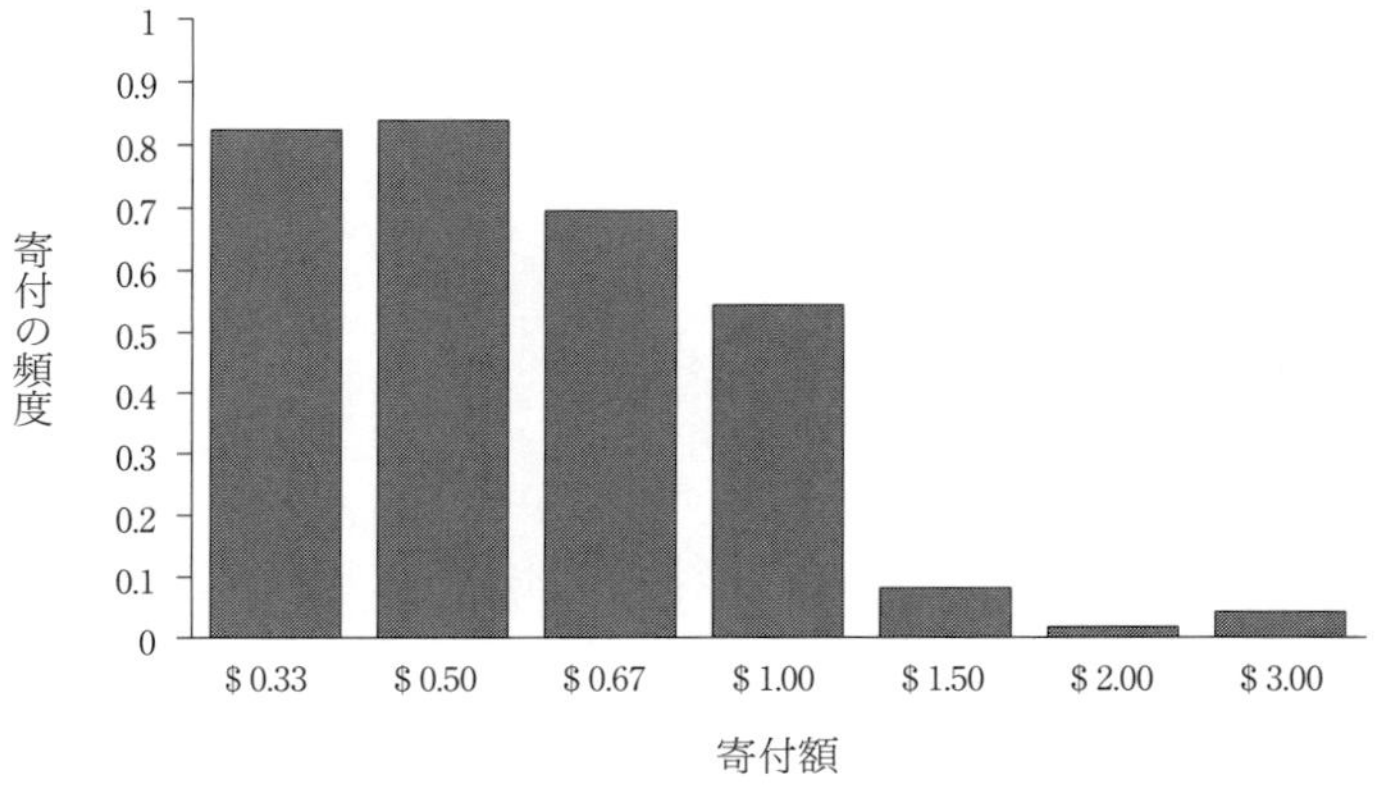

図９・１　利他的供給関数.

ションがあります。貧しい人は収入のうちの驚くほど大きな割合を支援のために寄付します。たとえば、年収一万ドル以下の人々はその五パーセントを寄付します。より裕福になるにしたがって、人々が寄付に回す割合は少なくなります。たとえば、年収四万五〇〇〇ドルの人々が寄付に回すのはその一パーセントです。しかし、年収一〇万ドルを越える人々はその三パーセントを、そして非常に豊かな人々はより一層多くの割合を寄付に回すというように、割合は再び多くなります。

また、年収に占める寄付の割合は年齢とともに増加するのですが、これは幸福と関係しているでしょう。若い人々は約二パーセントを寄付し、退職する年齢に近づくにつれて、慈善のために寄付する割合が増えていき、約四パーセントになります。また、教育と寛大さとの間に一貫した相関関係があります。教育が高いほど、収入に占める寄付の割合が多くなります。

ここでいくつかのヴァリエーションについて説明したいと思います。収入、年齢、教育のそれぞれに関するものがありますが、これらには大きな違いがあります。同じ教育を受けた同じ年齢の人々の間でさえ、ほんの少ししか寄付しない人もいれば、多く寄付する人もいるのです。私たちはこれらのヴァリエーションが生じる原因をより深く理解したいと思っています。

この問題を検討するために、オレゴン大学の二人の同僚、心理学者ウルリッヒ・メイヤー（Ulrich Mayr）と経済学者ダニエル・バーガート（Daniel Burghart）とともに実験を行いました。被験者には一〇〇ドルが与えられ、彼らはそのお金をそのまま持っていることもできますし、低所得者のための食べ物を購入するフードバンクに寄付することもできます。いくばくかのお金をあきらめることで、自分よりもよくない境遇にある人の基本的な必要を満たす。それはとてもシンプルな慈善的貢献です。

この実験の味噌は、寄付の額を変えることです。私が一五ドルを寄付することでフードバンクは四五ドルを受け取るというように、時には慈善のための寄付額をとても安くします。しかし逆に、慈善に役立てる一五ドルのために、四五ドルを寄付する必要があるというように、寄付額をとても高くすることもあります。多くの選択肢を被験者全員に持てるようにし、その選択肢がランダムに抽出されることを被験者に伝えます。そうして、もし被験者がその条件で寄付することに同意すれば、被験者の支払いからお金を得て、小切手を慈善団体に郵送します。

被験者は望むなら私たちが小切手を郵送するところに立ち会うことさえできます。それから私たちはデータを取り、とても簡単な経済モデリングを行います。これを「利他的供給関数」(altruistic supply function)と呼ぶことができるでしょう。それは靴のような商品の需要関数に似ています。靴の価格が上がるにつれて、人々は靴を買わなくなっていきます。同様に慈善的貢献をするのにお金が高くつくにつれて、人々が寄付する頻度は少なくなり、また寄付額も少なくなります。

経済学者にとって、これは素晴らしいモデルです。それらの関数を評価することによって、コストがより高額になれば人々はより実行しなくなるというように見えれば、人々は合理的な決定をするのだと経済学者は想定します。人々は、自分が支払うコストと貧しい人々が得るであろう利益とを比較します。利益がとても高い水準で、コストがとても低ければ、人々は非常に利他的であり得ます。人々の八〇パーセントはそのような状況下で寄付をします。コストがとても高ければ、人々は「いや、今は自分自身のためにお金を蓄えておこう」と言うでしょう。それが合理的な費用便益計算です。多大なコストを払っても他者を益することがほとんどできない状況下ですべてを寄付しようとするには、実際にとても利他的でなければならないでしょう。

しかし、人々がなぜ他者の利益を気にかけるのかという問題がまだ残っています。これはちょっとした神秘です。この問いに挑もうとする、さらに多くの実験があります。実験のなかで、私たちは被験者に意思決定の機会を与えるだけではなく、税金のようなものを課すこともします。現実世界と同じように、私たちは被験者に課税し、そのお金を慈善団体に提供します。現実世界での税金に選択肢が無いのと同じように、この実験における税金にも選択肢はありません。私たちは被験者に「実験の終わりまで、あなたから一五ドルを徴収し、それを貧しい人々に提供します」と伝えます。寄付と課税はランダムな順序で繰り返されます。そして寄付とともに、慈善団体や参加者に実際に提供されるそれぞれの金額を、実際に勘定に入れる期がランダムに選ばれます。

通常、人の心の内を覗くことはできないので、人々に選択するよう求めなければ経済学の研究はできません。そこで私たちは、被験者がfMRIのなかにいる間に税金を支払ってもらうようにしました。被験者は選択をしませんが、私たちが被験者のお金を徴収し、それを慈善団体に提供するときに、被験者の脳活動に何が生じているのかを見ることができます。

腹側線条体と呼ばれる脳の領域は、あらゆる種類の報酬を処理するのにとても重要です。たとえば、動物に甘い食べ物を与えた場合、脳のこの部分が活性化します。実験のなかで、被験者が自分自身のためにより多くのお金を得るか、あるいは税金をより少なく支払うかするとき、この報酬に関する領域の活動は増加します。自分自身のためにお金を得ることによる喜ばしい反応です。お金が慈善団体や他者を助けるために使われるときには、別の領域が活性化します。重要なことは、これらの領域の間に多くの重なりがあるということ、つまり、自分だけがお金を得たときと、慈善団体がお金を得たときに活性化する領域に重なりがあるということです。これは、寄付をするかどうかの意思決定を促すインプットが、近くの、時には同一の脳の領域からきていることを意味します。

人々が慈善の寄付について合理的な意思決定を行うと信じうる、もう一つ、別の理由があります。

実験での義務的な課税の局面で活性化する、これらの領域と他の密接に関係する領域での脳活動の相対的な強度に基づいて、実験での自発的な寄付に際しての意思決定を、私たちは実際に予測することができるということがわかりました。慈善団体がお金を得るときにこれらの報酬領域がより大きな反応を示し、かつ自分自身のためにお金を得るときにより小さな反応を示す人々は、(寄付のコストをコントロールしている) 活性化の逆のパターンを示す人々よりも、実験において自発的に寄付する傾向が著しく高いのです。

しかし、ここには罠があります。これまでのところはとても素晴らしい話でしたが、自己利益 (self-interest) を考慮しなければなりません。私たちの実験によると、慈善団体がお金を得るのを見ることで報酬領域におけるより大きな活性化を経験する人々は寄付を行う傾向が強いのですが、現実世界においてこの動機はフリーライダー効果 (他者の働きとコスト負担にただ乗りしようとする心理的効果) によっていとも簡単に消えてしまいます。言い換えると、私が貧しい人々のウェルビーイングを心から気にかけていたとしても、他の人々の寄付や政府の援助がその問題に取り組んでいると信じているので、私は貧しい人々を助けるための十分な貢献をしようとはしないでしょう。私の貢献は他の人々にとって価値があるかもしれませんが、私にとってはその貢献にコストをかける価値はないと判断するのです。これは、人々が十分な公共財を提供しなくなるという問題を引き起こします。

したがって、私たちが計測するある種の純粋な利他はとても素晴らしいものですが、それは大きな経済のなかで慈善的な寄付の有意義な増加につながらないかもしれないのです。ほとんどの人々は寄付を控えるでしょう。たった二人だけの間でなら、問題は生じません。私が他者を気遣わなければ、他に誰も彼を助ける人はいないので、私は彼を助けるでしょう。しかし大規模な経済においては、援助の手を差し伸べるかもしれない人々が何千人といます。そのような場合、私は他者を気遣いはしますが、同時に私自身のことも気にかけますし、リチャードが私の代わりに他者を助けるのを望みます。みんなそんな風に思っています。ですから、純粋な利他は強い感情になり得ますが、大きな行動にはつながらないかもしれません。

これは残念なことなのかもしれませんが、解決策はあります。この問題を解決する別の種類の利他があるのです。経済学者はそれを「ウォーム・グローの利他」(warm-glow altruism) と呼びます。この名称は経済学者ジム・アンドレオニ (Jim Andreoni) によるものです。ウォーム・グローの利他は、純粋な利他よりも利己的なので、経済学者は時に「不純な利他」(impure altruism) と呼びます。それは、政府でも他の誰でもなく、自分自身が貧しい人を助けたという認識から得られる良い気持ちに基づくものです。これは純粋なものではないかもしれませんが、より効果的ではあります。というのも、もし個人的に貢献するとすれば良い気分を得られるからです。もし貧しい人がいて、誰かが彼を助けていても、私は良い気分を得るために彼を助けたいと思うでしょう。私たちは実験においてウォーム・グローの感覚の根拠を見つけました。脳における報酬領域の活性化は平均して、課税されるときよりも自発的に寄付するときの方が著しく強くなるのです。人々は、他者を助けるという意思決定を行ったり、自発的に貢献したりすることから特別な神経的恩恵を受けるようです。

注目すべきは、腹側線条体における報酬領域が、学習の中心となる一般的な脳システムの一部と同じであるということです。甘い食べ物を探すようになるのは、甘いものを食べるというような特定の行動がこれらの領域を活性化するからです。誰しもが生得的にお金に対して喜ばしい反応を持って生まれてくるとは思いません。その代わり私たちは、脳の報酬システムを活性化させる物をお金で買えるということを学ぶことによって、脳はお金に反応し始めます。これは、お金を寄付することによる神経的なウォーム・グローの恩恵を得られることを人々が学びうるということを示唆しています。この学習は、私たちに寄付する機会を追求するようにし、より利他的な社会へと導くかもしれません。

結論はこうです。社会で支援を必要とする人々を助けるには、時には市場に頼ることができますが、利他にも頼る必要があるということです。問題は、貧しい人々への福祉のようなものが提供される世界は、どのような種類の利他によってもたらされるのかということです。純粋な利他では不十分でしょう。その代わりにウォーム・グローという形の利他的な感覚を育まなければなりません。

ダライ・ラマ 「ウォーム・グロー」ですね。仏教心理学的な観点からすると、利他のような一つの心の現象について話すときでさえ、非常に多くの異なる程度や種類があるかと思います。この研究活動は素晴らしいですね。

ウィリアム・ハーバー　ありがとうございます。ここに集まった方々の研究をうかがって、このウォーム・グローのような利他の育み方についての多くのアイデアを、仏教は提供できると思いました。私はとても楽観視しています。

第一〇章　利他的懲罰と公共財の創出

エルンスト・フェール

エルンストによる先の発表〔第六章〕では利他が存在するという説得力のある証拠が示された。エルンストは、なぜ利他が重要なのか、どのようにして利他が社会的問題を解決しうるのか、という問いにまで議論を拡げた。公共財は高機能社会にとって不可欠であり、利他的懲罰の機会を強力な市民的規範と組み合わせる環境において公共財は創出・維持されうるとエルンストは主張する。

ここでの議論において、人々は自己利益に関心を持ちはしても他者を気遣うことがない、という古い見方が誤りであるという多くの証拠を見てきました。これは強力な行動的証拠と、神経的証拠によって示されています。利己的な利益のために人々が行動するとき、脳内の報酬領域が活性化されるということ、そして人々が向社会的で利他的な行動をとるときに同じ報酬領域が活性化されるということも見てきました。それは私たちが利他を一層育むことができるという希望を持たせるものです。人々は常に何らかの自己利益に対する欲求を持っていますが、利他的な関心が強い動機を生み出し得ることもわかりました。

そこで私が問いたいのは、利他が存在するかどうかではなく、利他が私たちのために何を為し得るかということです。公共財の提供に実質的に依存する、人間福祉を生み出す際の利他の意味を探究したいと私は思っています。経済学者の観点からする公共財の定義をもう一度見てみましょう。というのも、おそらくそれは一般人の観点から考えるものと同じではないからです。財の調達への貢献如何にかかわらず集団内のすべてのメンバーが消費できるならば、社会的集団のために公共財が存在していると経済学者は考えます。貧困者への福祉はその一例です。もしウィリアム・ハーバーが貧困を取り除き、私が貧困を気にかけているならば、ウィリアムの行動もまた私にとってよいことです。しかし、ウィリアムがさきほどの発表で議論したように、これは大きな問題を生み出します。すなわち、公共財に貢献しない人々もそこから恩恵を受けるという、タダ乗りのインセンティブ（誘因）があるということです。さらに、公共財に貢献する人々はコストを負担し、他者に利益をもたらします。これは、公共財への貢献が利他的な行動であることを意味しています。他の人々に利益をもたらすためにコストを被るわけですね。

この公共財の定義に基づけば、利己的な人々は一般的にタダ乗りするであろうことがすぐにわかります。彼らは他人に生産してもらったものを消費したいわけです。利己的な人々が十分な公共財を生産することはまずないでしょう。これが問題の核心です。これまで私が与えてきた公共財の定義はかなり抽象的でしたので、重要な公共財のいくつかの例を挙げておきましょう。一般的にそうは認識されていませんが、最も重要な公共財の一つは、すべての市民にとっての民主的な自由です。独裁との闘いは個人にとってコストがかかります。イランそして中東全域における近年の紛争を見てください。チベットもその一例であり、ヨーロッパの歴史も同じです。

一九八九年に天安門広場にいたすべての人々は民主的自由のために闘い、大きな代償を支払いました。彼らはうまくいきませんでしたが、他の多くの国々では長期的に見て民主的自由を確立することに成功しました。民主的自由が一度確立されると、公共財の生産に貢献しなかった人々も含めて、誰もが利益を受けます。

より明らかな他の公共財は、地球温暖化を回避し、海洋における過剰漁獲を防ぎ、きれいな空気を供給することです。昨今特に重要な役割を果たしている他の公共財はコーポレート・ガバナンス（企業統治）です。一般大衆が納得できない金額をＣＥＯが受け取っていると、私たちの多くは企業内の所得格差に憤るかもしれません。

これは株主の視点から見た公共財の問題です。もし私が大企業の株主で、それが経営陣の統制と効率的な機能に貢献するならば、経営責任を維持するために、私は莫大なコストを負担します。それは仕事の範疇を超えるものですが、すべての株主を益することになります。

世界における最大の社会的問題の一つは、もし人々が利己的に振る舞うならば公共財が不足してしまうということです。そこにこそ利他が入り込む余地があります。私たちはこの問題をどのように扱うことができるでしょうか。どうやってこの問題を直接に研究できるでしょうか。

一つの方法は実験を行うことです。手順はこうです。一〇人のグループ一人ひとりに一〇ドルを渡します。彼らは自分のために一〇ドルを保持しておくこともできますし、プロジェクトのために使うこともできます。そのプロジェクトは次のような特徴を持っています。もし私がグループのメンバーで一ドルをプロジェクトのために費やすならば、実験者はそのお金を倍の二ドルにします。さらに実験者はその二ドルをグループ内の人々に均等に配分します。

ここでインセンティブの構造がすぐにわかります。もし私が一ドルを提供すれば、実験者はそれを倍にするので二ドルになります。これを一〇で割って、私には二〇セント払い戻されます。ですから私は一ドル支払って二〇セントを得るわけです。利己的な観点に立てば、私はそうすべきではないでしょう。しかしながら、グループ全体にとっては有益です。なぜなら私が一ドルを費やすだけで、グループ全体で二ドルを獲得できるからです。もしグループ全員が各自一ドルを提供することで総額一〇ドルを公共財のために費やすならば、自分たちの収入を二倍にできるでしょう。しかしただ乗りのインセンティブがありますので、もし自分自身の福祉だけを考えるならば、私は決して公共財のために貢献しないでしょう。

実験は次のように行われます。実験の参加者は一〇期間をともに過ごし、匿名性を維持しながら互いに交流をします。グループメンバーはコンピュータ端末の助けを借りて、彼らが他のメンバーの個人情報を知ることがないようにします。第一期では、彼らは同時に公共財にどれだけの貢献をするかについて決めます。その期間の終わりには、彼らは他の全員が何をしたかを知らされることになります。それから彼らはさらに一〇ドルを獲得し、それをもって一〇期間を通して貢献するかしないかを決めることができます。

さて、どのような結果になるでしょうか。参加者は第一期ではとてもうまくやります。第一期と第二期との間に、彼らは収入の四〇―六〇パーセントを公共財のために費やします。これは利他の徴候です。しかしながら、一〇期間実験すると、協力する率は急落します。そしてこれは、もともと実験を行った場所であるチューリヒにおいてだけではなく、ほとんど普遍的に見られる現象です。私の同僚であるサイモン・ガッチャー（Simon Gachter）は一五カ国でこの実験を行いました。そしてすべての実験において同じパターンを観察したのです。

ダライ・ラマ　なぜ始めに大きな急上昇があるのでしょうか？　新規性の要素のためでしょうか？　それとも、好奇心あるいは興奮のためでしょうか？

エルンスト・フェール　興味深い質問です。人々は利他的だ、とこの会議に参加している多くの人は言います。しかし第一〇期を見ると、利他はかなり乏しいことがわかります。ただ、第一期を見ると、それほど悪くはありません。水が半分入っているグラスを見て、半分しか入っていないと思うか、半分も入っていると思うかという問題と同じです。人々は利他的なのかそうではないのか？　なぜこうしたことが生じているのか？

これまでに次のことがわかっています。このデータのセットでは、公共財により多く寄与する人の五〇パーセントは、他人が貢献してくれるものと信じています。こうした人たちのことを「条件付き協力者」（conditional cooperators）と呼んでいます。他方、他者が貢献することを信じているかいないかに関係なく、三〇パーセントの人々はまったく貢献しません。ですから、利己的な人と利他的な人の両方がいるわけですが、彼らの利他は特定の形、すなわち条件付き協力あるいは条件付き利他という形をとっています。他者がより利他的に振る舞うのだと信じるならば、自分はより一層利他的に振る舞います。一方で、これはとても希望の持てる考えです。なぜなら、もし私が利他的に振る舞えば、それをよい事例として、他者に私と同じ行動をとる気にさせることができるからです。しかし、ここには危険も潜んでいます。というのも、自己利益に動機づけられた人々はすべてを落ち込ませるからです。彼らの利己性は他者の利他的な振舞いを落ち込ませます。

法王猊下《げいか》の質問に答えますと、実験の始めには、多くの人々が他者の利他に対して楽観的な期待を持っているのですが、ただ乗りの行動が彼らを落胆させるのです。彼らがただ乗りしている他者を見ると、ただ乗りしている人を養おうとは思わなくなり、協力を止めてしまうのです。時間が経つと、ほとんど全員が協力しなくなります。私が指揮してきた実験の一〇期間のうちに、文字通り誰も協力しなくなりました。まったくのゼロです。

どうすればこの問題を解決できるでしょうか。この問題に進む前に、なぜ私が利他の条件を重要だと考えているかを説明したいと思います。たとえば、福祉国家によって提供される給付金の違法受給の問題について考えてみましょう。福祉給付金を違法に引き出すことができるという考えが拡がれば拡がるほど、より多くの個人が同じことをしようという気になります。福祉給付金を求める人々の適格性を監視していないと、ますます多くの人々が福祉国家を搾取し始め、受給するに値しないにもかかわらず給付金を請求することとなります。汚職に関しても同じことが起こります。社会全体が汚れれば汚れるほど、より多くの個人が汚職に手を染めようとします。より多くの犯罪を見れば見るほど、より多くの個人が平均して犯罪行為に手を染めようとするでしょう。ですから、この条件性はきわめて重要です。政策立案者、ＣＥＯ、そして社会のすべての人々にとって為すべきは、私たちが協力し合えるという期待そのものに貢献することです。そうすること自体が協力を生み出すのですから。

しかし、これまで見てきたように、それだけでは十分ではありません。なんとかしてただ乗りを抑制する制度を持たなければ、協力への期待それ自体が崩壊してしまいます。歴史的にこの問題はどのように解決されてきたのでしょうか。それは、非協力者に対して制裁を加えることによってです。福祉国家を搾取しようとする人々や犯罪者や税金を払わない人々などを制裁してきました。しかしながら、法の支配、民主主義、公正な警察、独立した司法、契約、税制といった、協力の維持に寄与する制度のすべては人類の歴史における最後の一ミリ秒の間に登場しました。人類の歴史の九九パーセントは、そうした制度無しにやってこなければならなかったわけです。そしてこのこと

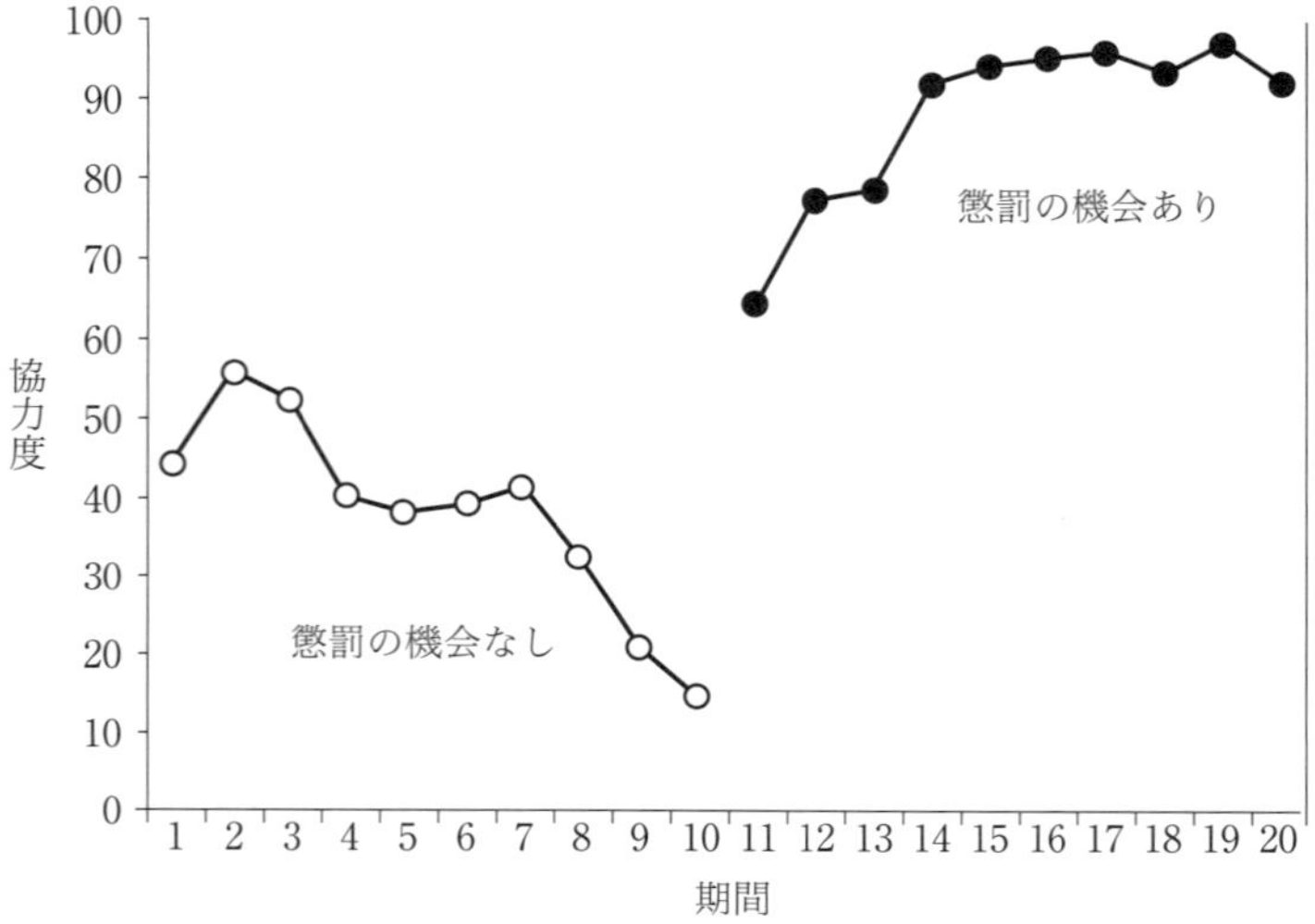

図10　公共財実験.
10期間にわたって参加者は公共財に貢献することができる. 各期間の終わりに参加者は, その期間に他の参加者がどれくらい貢献をしたのかを知る. そしてその情報を基にして次の期間での貢献を決めることができる.
公共財実験が懲罰を与える機会なしで実施されたとき, 貢献は10期間にわたって大きく減少した. 実験者によって懲罰の機会をが導入されると, 公共財への貢献は20期間でほとんど100パーセントにまで急激に上昇する.

は、とても重要な問題と困惑とを生みます。人類はどのようにして、こうしたそれ自体が公共財である制度を創り出すことができたのでしょうか。

チューリヒ大学で行った実験に基づいて、部分的な答えを提供したいと思います。さきほどと同じ公共財の実験を、制裁の機会を追加して行いました。それぞれの期間で、参加者はまず貢献をする決定を行います。その後、彼らはコンピュータのディスプレイ上で、グループ内の他の個人の貢献について通知されます。他の人が何をしたかがわかりますし、他者を制裁するために自分の資金を使うこともできます。一人が制裁のために一ドル費やすごとに、制裁されるメンバーの収入は三ドルまで減らされます。これは馬鹿らしいことだと思うかもしれません。なぜ、こんなことをしなければならないのかと。しかし実験の参加者は、制裁の可能性を直ちに理解し、ただ乗りする人を制裁の対象にしました。たとえば、公共財にまったく、あるいはほとんど貢献しないグループのメンバーへ強い制裁を加えることができますし、収入の半分を貢献するグループのメンバーには弱い制裁を加えるか無制裁にすることができます。それがどんな影響を及ぼすか、簡単に理解することができます。ただ乗りする可能性のある人を戒めるべきなのは、彼らが経済学者やゲーム理論家によって「信頼できる脅し」(credible threat)と呼ばれているものに直面するからです。この利他的な制裁が何をもたらすのかを見てみましょう。

制裁の機会がなければ第一〇期間までに協力は完全に失われますので、第一一期間で、各自に制裁の機会を与えました。すると驚くべきことが起こったのです。第一〇期間で文字通りまったく貢献をしなかった人が、第一二期間ではほとんど一〇〇パーセント、彼らの資金のほぼすべてを公共財に貢献したのです。すごいですよね！　同じ人物がですよ。ある意味で、この実験を人類進化の寓話として見ることができるかもしれません。人類は社会のルールに従わない人々を戒めるという利他的な傾向を持っているために、法の支配のような協調的インフラや国家がなくても、不可欠な公共財を供給できたのです。

そして今問題となるのは、これが普遍的な処方箋なのかどうかということです。さきほど私は、協力の破綻が、この実験を行ったすべての国において見られる普遍的な特徴のように思われるとお伝えしました。しかし、結論から言いますと、制裁の有効性は普遍的ではありません。懲罰だけではすべてのグループを普遍的に改善させることはできません。なぜなら、罰せられた人が仕返しをする社会を私たちは知っているからです。第一四期間に、貢献しなかったことを理由に、私がウィリアムから罰せられたとしましょう。このことは私を怒らせ、私を罰したのは協力者の一人に違いないと考えるでしょう。私は見せしめのために、第一五期間に彼らのなかから一人を選び出します。これは匿名での実験ですから、私がウィリアムを選んだのかどうかは私にもわかりません。誰か協力者の一人に対して、ただ目をつぶって復讐をするだけです。これは反社会的懲罰（antisocial punishment）と呼ばれ、いくつかの文化において一般的に行われているものです。

ベネディクト・ヘルマン（Benedikt Herrmann）、クリスティアン・トエニ（Christian Thöni）、シモン・ゲヒター（Simon Gächter）[1]は、ギリシャや中東のような国々で多くの反社会的懲罰を観察しました。他方で、スイスやアメリカのような国では主に向社会的な利他的懲罰が観察されたのです。この違いの背景を見ると、強い市民的規範のある国では反社会的懲罰がほとんどないということがわかりました。たとえば、費用を負担せずに公共交通機関を利用することは間違っていると人々が考える場合、それは市民的規範の一例です。ですから懲罰だけでは意味がないのです。正しい社会的規範、正しい教育が必要なのです。それからそれらを制裁の機会と組み合わせることで、価値のある公共財を創り出すことができます。これらの規範を確立することに成功した諸文化は、よりうまく公共財の問題を解決してきたため、人間福祉に大きく貢献することができました。

公共財は人間福祉にとって不可欠であり、公共財の自発的な供給には利他を必要とし、多くの人々は利他的な協力を示していると私は言いました。しかしこれだけでは十分ではありません。なぜでしょうか？　それは、利己的な個人の小さなグループが広範囲の利他的協力を破壊する可能性があるからです。しかし、多くの人々は利他的制裁を行う傾向もまた示しています。そして、利他的制裁を行う小さなグループでも、正しい文化的規範を持っていれば十分な協力を確立することができます。そうするためには、この会議のような企てや教育が重要です。

ここでの主な教訓の一つは、同一人物が悲惨な結果もよい結果も生み出す可能性があるということです。それは制度をどのようにデザインするか、そしてどういった行動の機会を設定するかに大きく依存します。それが、金融市場の規制においてちょうど今起こっていることです。詰まるところ、ゲームのルールだということですね。社会にとって有害ではない方法で、欲望や自己利益を規制するにはどうすればよいのでしょうか？　経済学は時として「憂鬱な科学」（dismal science）だと呼ばれます。しかしある意味ではとても「立派な科学」（noble science）なのです。人間福祉を改善する制度をデザインすることができるのですから。

III

経済システムへの向社会性の導入

第一一章　目的のある利益

アントワネット・フンジカー＝エブネター

グッドガバナンスや社会的・環境的責任を含む投資機会に焦点を合わせた独立系資産管理会社Forma Futura Invest Inc.のCEO・共同設立者。これまでにスイス証券取引所を率い、最初の汎ヨーロッパ証券取引所Virt-xのCEOを歴任してきた。

アントワネットは、きちんとした会社への投資が、利益をあげながらも、いかにして社会的・環境的ウェルビーイング（良き生のあり方）を促進しうるのかを示した。私たちがこの種の責任ある利益を生み出すためにお金を使うとき、経営者から投資家にいたる多くの人々は互いに、人間のより良いクオリティ・オブ・ライフ（人生・生活の質）や地球がより健全であることにかかわっているのだとアントワネットは言う。

お金はきわめて大切な資源であり、水や知識のように循環するものです。常に流れていなければなりません。循環はサステイナビリティ（持続可能性）の基盤ですから、お金を持っている人が投資をする前によく考えることが非常に重要です。どのような経営・人材・製品・サービス・製造過程に対して、金融的・社会的・倫理的に投資したいと思うでしょうか？

私たちは現行の金融システムや経済システムに対して責任を負っています。これらのシステムは多くの金融バブルを生み出してきましたし、これからも生み出し続けるでしょう。そうしたバブルからいったい誰が利益を得ているのでしょうか？　それは一部の非常に貪欲な人たちです。その一方で、他のほとんどの人々はお金だけではなく、クオリティ・オブ・ライフや仕事を失っているのです。

私たちはみな、そうしたシステムに加担しています。自分自身にこう問いかけねばなりません。何も知らないままで許されるのかと。責任を持ってそうしたシステムに加わるために、私たちは知識をわかち合わねばなりません。今日の経済システムを分析すると、物質的成長、利潤最大化、短期主義、個人主義、直線的思考といったものが、その価値基準であることがわかります。これらは本当に私たちが考える消費者や投資家の価値基準として妥当なのでしょうか？　そうではないと私は思います。投資先のことを本当に気にかけているクライアントを私は知っています。単なる利益から目的を伴った利益への移行、量からクオリティ・オブ・ライフへの移行というものを私たちは目にしています。非物質的な価値基準がますます重要になってきているのです。

人間の財政的ニーズ（financial needs）のピラミッドを見てみましょう。第一段階では、食糧・

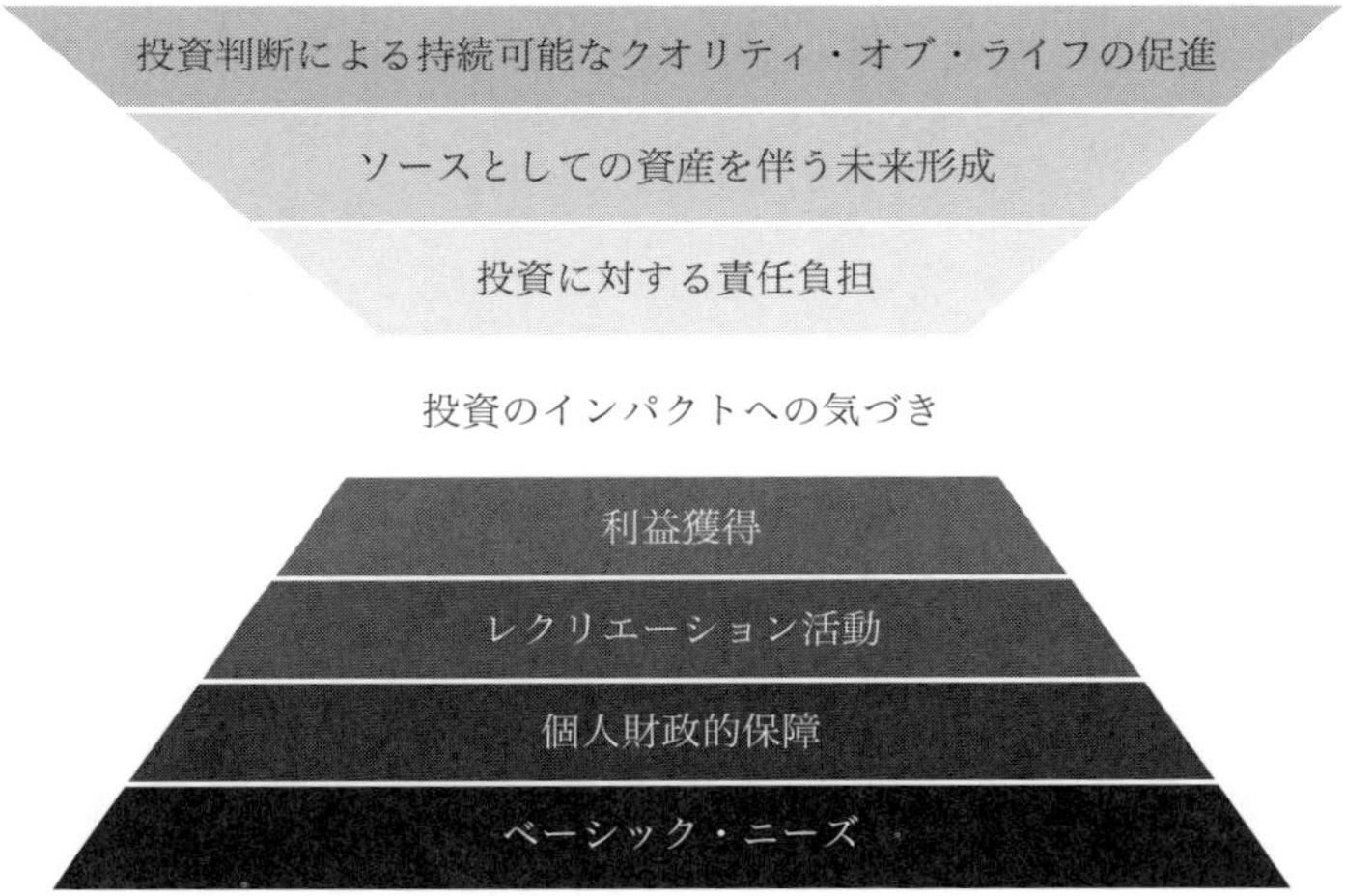

図11・1　財政的ニーズのヒエラルキー.
お金は将来的に，投資家に資金需要を満たしたり，利益を実現したりすること以上のものを提供する.

飲料・住居・教育といったベーシック・ニーズを満たせることが必要です。第二段階になると、たとえば病気に備えたいくらかの貯蓄や個人財政的保障といったものが必要です。もう少しお金を持つようになると、第三段階ですが、スポーツや芸術などのレクリエーション活動にお金を使いたくなるでしょう。最終段階では、お金を運用して利益を得たいと思うようになります。

これらのうちの最初の三段階を達成することができれば、自分の投資が与える影響に気づき、投資に責任を持って、より良いクオリティ・オブ・ライフに貢献できるようにお金を用いる機会を得ることになります。

私たちの会社では、一八〇のサステイ

ナビリティ要因に従って組織を分析しています。経営について見るときには、誰が会社を率いているのか？　会社が依拠する価値基準は何か？　口にしたことを実際に行っているか？　インセンティブ（誘因）のスキームは何か？　長期的視野を持っているか？　たとえば、二酸化炭素排出量を毎年少なくするといったサステイナビリティの目標を掲げ、その目標とインセンティブのスキームを組み合わせている会社があります。Forma Futura を設立する前に働いていた投資銀行で私は、トレーダーが私たちの価値基準を擁することによって特別配当金が決まるというインセンティブのスキームを導入しました。たとえば、私たちの主要な価値基準の一つは、クライアントに対して公正であることというものでした。ですから私はマージンを、いわば銀行がクライアントに金融商品や個人財政的保障を売ることによって得たものを測りました。そして、もしトレーダーがマージンを多く取り過ぎていれば、彼らが得る特別配当金はより少なくなるようにしました。この方針を実行して三カ月から六カ月が経過すると、人々の振舞いに変化が見られました。クライアントに公正であれば、彼らと長期的な関係を築くことができますし、責任を持って投資するように彼らをますます説得することができるのです。

Forma Futura で私たちは、会社がイノベーションをいかに促進しているかということも評価しています。もはや化石燃料を使わずに走る車が存在する世界で、私の一七歳の息子がいつか生活できる日を想像するのですが、それが実現するかどうかはこれから数年の交通分野のイノベーションにかかっています。イノベーションにはそれなりの情勢やプラットフォームが欠かせません。異なる分野やバックグラウンドを持つ、さまざまな人々の専門性を組み合わせることが必要とされるのです。

私たちはまた、会社がどれだけの温室効果ガスを排出しているのか、もし市場に十分に供給されていない製品があるとして、そのために彼らはどのように希少資源を扱っているのか、労働・製造・調達においてどれほど真剣に人権を擁護しているのか、といった事柄についても評価しています。このサステイナビリティ分析を行った後、従来の財務分析も行います。投資家はこれらのテストをパスした会社にのみ投資することができます。

この三年半を振り返って、みなさんにお示しできるのは、従来のモデルで投資するのと変わらない額のお金を、このやり方でも手に入れることができるということです。今や、持続可能性のある会社が、資本市場で他の会社よりも低金利の資金を得ることができるようにもなっています。そうした会社はリスクをより気にかけていて、そのことを外の世界に伝えているからかもしれません。

今日のヨーロッパでは、投資されたすべてのお金の三パーセントが持続可能性を求めるやり方で投資されています。ちなみにアメリカでは一〇パーセントです。私の個人的な目標はその割合が二五パーセントになるときまで生きて、パートナーや従業員やクライアントと一緒にこの進展に貢献することです。そうすれば、会社の経営者はもはや社会的・環境的要因を無視できなくなります。

投資のやり方を変えることは、正しい方向への第一歩となるでしょう。しかしそれだけでは、私たちが必要とする倫理的で持続可能性のある包括的な解決策を生み出すにはいたらないでしょう。

他に何ができるでしょうか？　並行した四つのグローバルな進化あるいは革命、もしくはその両方が必要だと私は考えています。私の場合は進化のタイプです。しかし、金融危機以来これまで経験してきたことを踏まえると、進化というやり方で為すべきことを行うことはできないのではないかとも思っています。

第一に、エコロジカルな進化・革命と、環境に配慮した市場経済とを必要としています。もし誰かが温室効果ガスを排出しているとしたら、彼は代償を支払わねばなりません。価格決定モデルに環境へのダメージを含める必要があります。

第二に、持続可能な金融システムが必要であり、それは合理的な目標を設定することから始まります。経済システムにどのような目標を設定すべきでしょうか？　ＧＤＰはクオリティ・オブ・ライフを向上させる指標なのでしょうか？　ある程度は私たちがすでに知っている通りですね。たとえば、病気を患っている期間を測り、その期間がより長くなればＧＤＰは増大するのです。しかしブータンでは、健康である期間を測っています。ブータンは「国民総幸福量指標」（Gross National Happiness Index）を創りました。私たちはそうした方向へますます向かい、経済システム、会社、コミュニティ、私たち自身にとって合理的な目標を設定しなければならないのです。

持続可能な金融システムは、それが義務でもある、効果的な規制枠組みも必要とします。とても重要な要因は株主資本比率で、銀行はその被るリスクに対処できなければなりません。法王猊下《げいか》はカジノに行かれたご経験があるかどうかわかりませんが、もしカジノに行けば一〇〇パーセント

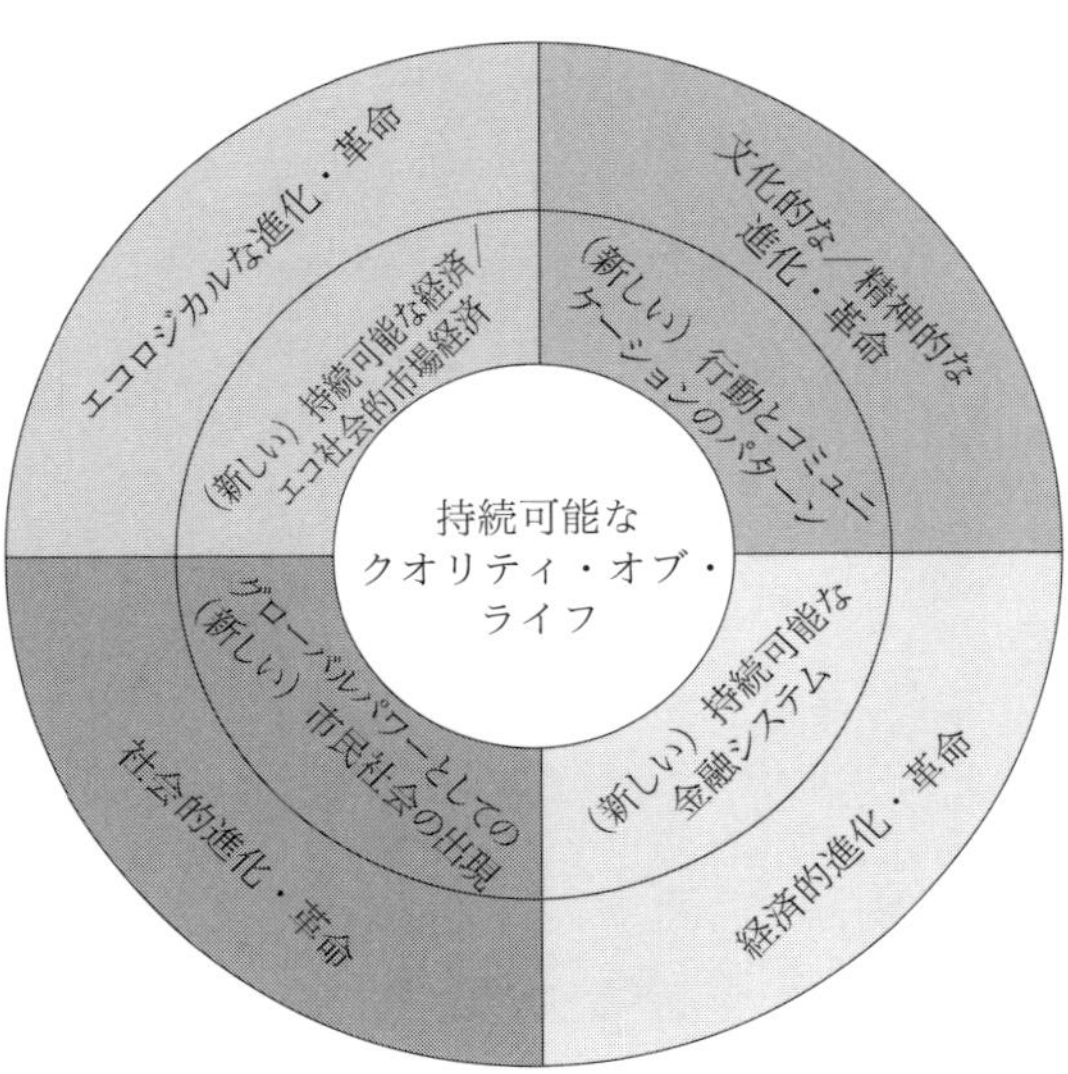

図11・2　四つのグローバルな進化・革命.
持続可能なクオリティ・オブ・ライフへの移行は四つのグローバルな進化と革命に付随する.

自己資本でギャンブルに挑まなければなりません。いくらかのビジネス投資銀行は純粋な投機を行ってきました。これはある種のギャンブルでもあるわけで、彼らは自己資金で投機すべきなのです。しかし近年でも、規制当局に圧力をかけて自己資金の割り当てを減らすことができていました。金融危機の後、いくつかの銀行は自己資金の割り当てを再び増やしましたが、それでも十分ではありません。

　持続可能な金融システムは、責任を持たせると同時に責任を求めもします。巨大企業において、取締役の仕事の一つはリスクを見抜くことです。リスクがどこに発生しうるのか、リスクにどのように対処するのかということを取締役はしっかりと問わねばなりません。不明な点があるのならば、それを実行すべきではないのです。

個人的に私は、そうした変化が今日の会社執行部によって起こされることを期待してはいません。本当の変化は、私たち市民社会が責任ある方法で実行する社会的進化・革命から生まれるだろうと私は信じています。どんな財をどれくらい消費するのかを熟考し決定するのは私たち自身です。新しい贅沢品は物質的な物ではありません。安全、損なわれていない生態系、友情、幸福そして意義のある人生こそが贅沢品なのです。

もちろん、文化的・精神的な進化も必要となります。しかし、それは法王猊下の専門分野ですので、法王猊下の取り組みに大いに期待を寄せています。法王猊下のサポートとともに、私たちは持続可能性のあるクオリティ・オブ・ライフへと最終的に移行することができるのです。

ダライ・ラマ　素晴らしい。現行システムと現状における欠点に関する認識とが広まっているのは素晴らしいことです。何らかの変化が必要ですね。

私たち人類は、知性を適切に用いて、よりホリスティックに物事を捉えることで、これらの諸問題を克服する方法や手段を見つける能力を持っていると私は信じています。私たちが生きている間には成し遂げられないかもしれませんが、それは問題ではありません。いずれ取り組むことになる若い世代のために、私たちはこれらの諸問題を考察し分析し、明らかにしなければならないのです。

ゲルト・スコベル　アントワネットの投資が、他の売り買いされる金融商品と同じように利益を上げなければいけないというとき、実際にはどこが異なるのでしょうか？　消費者である私にとって、目的を伴った利益と単なる利益との違いについて身をもって知るのはとても難しいことです。相違点は、長期的に考えるかどうかといった問題なのでしょうか？

アントワネット・フンジカー＝エブネター　そうです。スイス、ドイツ、その他の国における中規模の会社は常に長期的視野を持って仕事をしています。たとえば、所得が減る時期があるとすれば、まず会社のオーナーが所得を減らす、つまりただ単に従業員を解雇するようなことはしないわけです。長期的思考は、ノウハウや信頼、誠実さを育むうえで有益です。もしあなたが人々に最善の仕事をしてもらい、革新的なアイデアを出してもらいたいならば、彼らが信頼を持って仕事ができることを保障しなければなりません。もし彼らがいつ仕事を失うか不安を感じているならば、あなたは彼らの洞察を得ることができないでしょう。ですから、持続可能性のある利益は長期的視点に立った利益なのです。それには、自然のように大きな成長のない期間があります。樹木は際限なく育つわけではないですし、このことは受け入れられねばなりません。もし会社が長期的視点を持ち、投資家が毎年の二桁利回りを求めなければ、持続可能性のある利益は可能でしょう。ですから、これは消費者にも大きく依存しているのです。

スコベル　ということは、利益を得ることになるだろうと言っているわけですね。始めは大きくないかもしれませんが、長期的に見ればコンスタントに利益を得ることができると。

フンジカー＝エブネター　はい、そうです。こうすることで会社は、近年の環境問題を実際に解決することに向けて取り組む時間を持つことができます。たとえば、エネルギー効率について、「二〇一五年までに、弊社の売上高の五〇パーセントを環境に優しい製品やエネルギーを節約する製品から得るようにします」と会社は言うことができるようになります。会社がとても意義深い取り組みを申し出るだけではなく、投資家もまたそうした成長に加わることができるのです。他にも、低温で洗濯できるようになる酵素を開発する会社があります。経済、社会、それにある一つの製品のエコロジカルな世界についてのこうしたホリスティックな視点を私たちは必要としているのです。この統合的な経営手法は利益をもたらしますし、それは良いことです。従業員や私たち自身に報いることができ、イノベーションのためになる、合理的な利益を生み出す必要があります。

ダライ・ラマ　限界があることを思い起こすことが重要ですね。物質的発展には必ず限界がありますから、満足を覚えた方がよいのだと私は人々に言っています。心の発展には限界がありませんので、飽くことなく、さらなる心の発展を追求する方がよいですね。しかし、私たちはいつも逆のことをしています。心の発展には誰も大きな関心を持ちません。それに対して物質的発展には、たとえ限界があるにせよ、その限界を越えることをみなが望んでいます。

成長には限界があることを認識する必要があるというあなたのコメントに、心から感謝します。私もそう確信しています。同じ深い考えを共有できる誰かを見つけるとうれしくなるのは、とても人間らしいことですね。

第一二章　マイクロファイナンスは何を為しうるか？

アーサー・ヴェイロイアン

一九九二年から二〇一二年にかけて、クレディ・スイスの役員を歴任。クレディ・スイスのプライベート・バンキング管理委員会元委員、プライベート・バンキング・スイス部門およびグローバル対外資産運用部門の元部門長。ナノテクノロジー、イノベーション、マイクロファイナンスに特に関心がある。

アーサーはクレディ・スイスがマイクロファイナンスに取り組んできた経緯と意義について話した。クレディ・スイスの取り組みは、世界の富豪たちのお金を貧困解決のために使える人に回すことに効果的で、利益にもなり、また持続可能な方法を生み出してきた。アーサーの発表の後、アントワネット・フンジカー＝エブネター、マチウ・リカール、ダライ・ラマ法王が、マイクロファイナンスに参入する大手の銀行のリスクと可能性について議論した。

法王猊下《げいか》、みなさま、このような素晴らしい機会をいただきありがとうございます。ニュースのヘッドラインを読んで大手の銀行や大企業について話をするとき、そうした大きな組織のなかにいるのが思いやりを持てる人間であるということを私たちは忘れがちです。このミレニアムの始め、クレディ・スイスにいる幾人かは、貧困の削減を有意義にサポートしようと、この世界を発展させるのに手助けできることを考え始めていました。貧困について語るときに忘れがちなのが、金融サービスへのアクセスが持つ重要な役割です。金融サービスにアクセスできるのは当たり前のことだと私たちは普通に考えていますが、何十億もの人々はアクセスできずにいるのです。

クレディ・スイス内での当初の反応は、「そんなこと忘れてしまおう。私たちの仕事じゃない」というものでした。ですから、金融サービスへのアクセスを促進しようとする数少ない人たちはこう考えねばなりませんでした。銀行の本質的な活動と何十億人もの貧困層とをつなぐ有意義な方法はあるのかと。このときあたりから、マイクロファイナンスは図らずもよく知られるようになりました。ですから、どうしてそれをしようとしないのかと私たちは言ったのです。すると討論が始まりました。世界は良くなっているのだから、私たちは何もする必要はないという主張がありました。一九八〇年には世界の人口が四四億人になっていました。一九九〇年には五三億人、二〇〇〇年には六〇億人、そしてもう間もなく七〇億人を越えようとしています。[1] 期せずして、極度の貧困の割合はこの期間で減少しました。一九八〇年には貧困ラインより下のレベルで生活している人々が一九億人いて、世界人口の四〇パーセントを越えていたのですが、今日では二〇パーセント近くにま

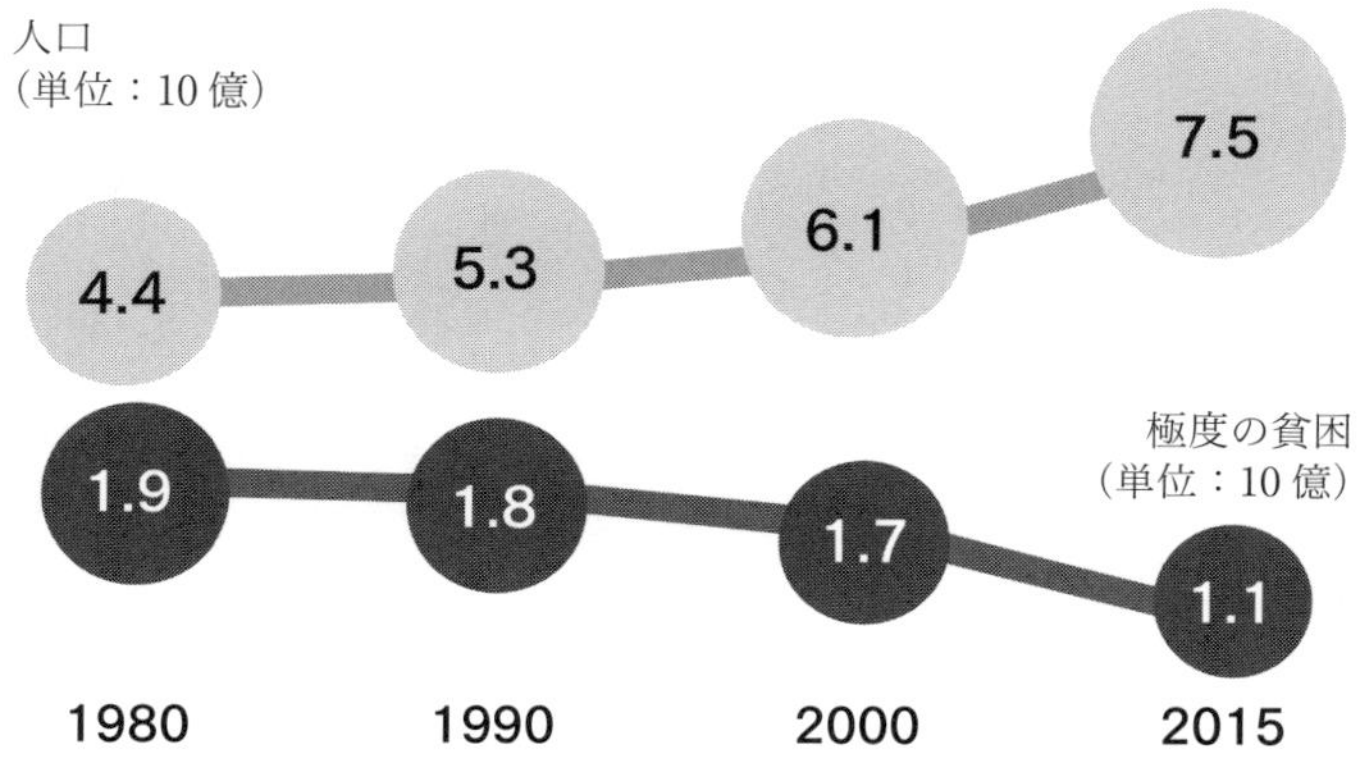

図12・1　世界は良くなっている．

で減少しています。

極度の貧困は総じて減少しています。しかし、非常に大きな地域差があり、何百万人もの子どもや大人が絶望的な状況にあるのです。アンゴラの乳幼児死亡率は一八パーセントです。ブルキナファソの非識字率は七六パーセントです。モザンビークの一日一人当たりの所得は二ドルです。スワジランド（現、エスワティニ）の平均寿命は三二歳です。アフリカからいくつかの事例を出しましたが、こうした事例は世界中の地域で容易に見られるものです。そして、必要性は地域ごとに異なるにもかかわらず、必ずしもその異なる実情に即した援助がなされているわけではありません。ですから、世界は自分で自分の面倒を見るだろう、などとくつろいで言っている場合ではありません。

ますます移民が増えていますが、それは貧しい場所からより良い生活ができる場所へと移動する必要があるからです。確実に気をつけなければならない他の問題はユース・バルジ（youth bulge）と呼ばれる若年層の過剰、あるいは社会における若者への配分です。先進国では、一五歳から二五歳の若年層は人口の一〇パーセント程度です。しかし発展途上国では、未来のない若者の割合が非常に大きいのです。知られている通り、未来のない若者はあらゆる暴力的なイデオロギーの犠牲になってしまいます。

では、私たちは本当にマイクロファイナンスを必要としているのでしょうか？　まずはマイクロファイナンスがどのようなものかを理解しなければなりません。端的に言うと、マイクロファイナンスは、クレジット、支払、貯蓄、保険といった金融サービスに過ぎません。通常マイクロファイナンスと言えば、マイクロクレジット〔資金のない起業家、また貧困者向けの少額の融資〕のことだと思われがちですが、実際にはマイクロファイナンスは古典的な金融活動のすべてを含んでいるのです。

絶望的な状況にある何百万人のなかの一人を例に挙げてみましょう。ピピさんは、カンボジアの村に住んでいる四人の子どもの母親で、まったくお金を持っていません。彼女の初めての借金はたったの一三ドルでした。そのお金は、彼女が新しいビジネスを始めるのに役立ちました。以前に彼女は難しい大工仕事をしていましたが、その後に砂糖の生産に移りました。彼女は初めての借金を、肥料の袋少々と梯子にするための何本かの竹を買うのに使いました。その結果彼女は、一日当たりに生産するパームシュガーの量を以前よりも増やすことができました。数年後、彼女の一二回目の借金は六五ドルでした。彼女はそのお金を、もう一区画の土地と、息子のうちの一人を大学に入学させるために使いました。ピピさんにお金を貸したのは、カンボジアにあるアムレット（Amret）というマイクロファイナンス・インスティテューションで、クレディ・スイスのマイクロファイナンス・ファンドから資金を得ている組織でした。

もしあなたたちがお金をまったく持っていなかったとしたら、お金を手に入れるのは非常に困難なのです。もしあなたたちがいくらかのお金とビジネスのアイデアを持っているアントレプレナー（起業家）であれば、そのお金を増やすことは実際に容易です。ピピさんのような女性は、どのようにして最初の借金をすることができたのでしょうか？　そこが、マイクロファイナンスを語るときに、いささかロマンチックになりすぎてしまうところです。マイクロクレジットを得るには申請して借りる資格を得なければなりませんし、債務不履行のペナルティや支払いによる報酬があります。事実、ピピさんは集団の構成員だったためにお金を借りるまでにこぎつけることができたのです。それは時に、「ヴィレッジ・バンキング」（village banking）や「ソリダリティー・バンキング」（solidarity banking）と呼ばれる理由です。彼女一人だけではお金を借りる資格を得ることはできなかったでしょう。集団の構成員だったからお金を借りることができたのです。

この物語を聞いてお気づきのことかと思いますが、受益者は女性であり、それは偶然ではありません。多くのマイクロファイナンス商品は特に女性をターゲットにしています。女性は男性よりも借金の返済率が高い傾向にあり、家族のウェルビーイング（良き生のあり方）に対する責任を負っていることはよくあることだからです。ですから、ゼロから何かを立ち上げるマイクロ・アントレプレナー（小規模起業家）の大部分が、女性のグループであるのは驚くにあたりません。ピピさんは少額の借金から始めていくらかの成功を収めました。彼女を支える集団があったのです。マイクロファイナンス・インスティテューションがあり、彼女を助けるクレジット・オフィサー（融資審査役）がいたのです。そして、彼女はますますビジネスに取り組み、お金を得ることができました。彼女が借金を返済できたまさにそのとき、彼女は信用を得ることができたのです。そのことは彼女にますます借金できる資格を与える信用資本なのです。しかし私たちは、お金それ自体が目標ではないことを思い起こさねばなりません。ピピさんの目標は、子どもたちを学校に送り、健康であり、住む家を持ち、当初よりもまともな生活が送れることでした。

私たちがこうして話をしている今日、マイクロクレジットのクライアントが世界中に一億五五〇〇万人もいます。驚くべきことに四五〇億ドルものクレジットが世界中に散らばっています。これらの数字は市場におけるすべての参加者を反映しているのであって、私たちの銀行だけのことではありません。しかし、私たちは止まることはできませんし、「それは素晴らしい。私たちは何かを成し遂げたのだ」と言うこともできません。クライアントの潜在的な数は今の一〇倍はいますから、私たちは止まることはできないのです。世界中の成人の二五〇億人が、お金を貯蓄したり借りたりするために、銀行やマイクロファイナンス・インスティテューションを利用できないでいると推計されています(2)。

援助だけでは意味がありません。そこに私たちの銀行が有意義な貢献を為しうるところがあると考えています。私たちは富のピラミッドの頂点にいる人々に仕えています。六五億人のうちの一〇〇〇万人が一〇〇万ドル以上の金融資産を持っています。ピラミッドの底辺は巨大です。購買力平価で一日四ドル以下しか持たない四五億人が資本へのアクセスを必要としています。持続可能な長期的方法で巨額の富をピラミッドの頂点から底辺へ動かせるならば、発展を加速させることができるでしょう。

これを実行するにはどうすればよいのでしょうか？　単にお金を手に入れて、「私はいくらかお金を持っている。誰かお金が欲しい者はいるか」などと言っても何の意味もないことを私たちは知っています。私たちの銀行では、クライアントや関心のある人たちに提案できるシンプルな解決策が必要であることをはっきりと理解したのです。私たちのアイデアを理解し支持してくれるであろう投資家、そして私たちが「マイクロファイナンス・ファンド」（microfinance fund）と呼ぶものにお金を注ぎ込んでくれる投資家を見つけようと考えました。そのマイクロファイナンスのためのお金は、世界三五カ国以上のマイクロファイナンス・インスティテューションや銀行、銀行に似た組織に分け与えられます。それらのマイクロファイナンス・インスティテューションは、ピピさんに一三ドルを貸したように、マイクロ・アントレプレナーにお金を貸します。ファンドへの投資は利息を得ます。たとえば、マイクロファイナンス・インスティテューションへのクレディ・スイスの融資には利息をつけます。そして、クライアントは借金の元金と利息をマイクロファイナンス・インスティテューションに返済します。このようにしてマイクロファイナンスは機能しています。

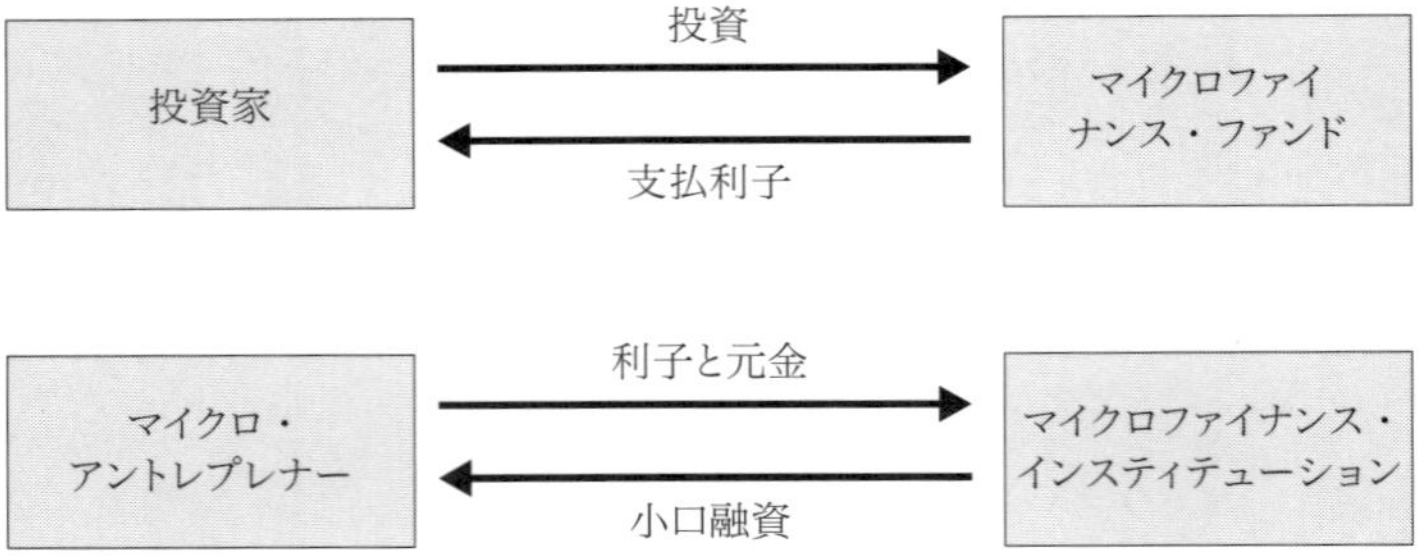

図12・2　クレディ・スイスのマイクロファイナンス・ファンド.

私がクレディ・スイスの取締役会に初めてこのアイデアを提案したとき、取締役の一人が私に向かって、なぜこんな提案のために自分の時間を無駄にしなければならないのかと言いました。こう問われた部分的な理由は、当初のファンドがとても小さかったことにあります。どうすべきか熟考の末、最終的にスタートすることになりました。二〇〇三年の終わりに、友人や家族から集めた四〇〇万ドルを元に、私たちはベンチャーを立ち上げました。資金を提供してくれた友人や家族は、私たちを信用し、信頼し、投資するに値するアイデアだと思ってくれたのです。それ以降、劇的に進展しました。たった一年で一〇倍にまで増え、さらに一年後には五倍に増え、今日では約一〇億ドルに達しようとしています。投資された一〇億ドルは、何十万ものマイクロ・アントレプレナーのより良い人生を意味しているのであり、私たちはこれを終わらせるわけにはいかないのです。

意外にも、世界金融危機はこの投資のアイデアの進展にダメージを与えることはありませんでした。というのも、アントワネットが説明した経済ピラミッドの頂点にいる人々(3)、つまりすべての財政的ニーズが満たされていてどこに投資するのかを選択できる人々と、マイクロ・アントレプレナーとはいかなるつながりも持っていないからです。

もちろん、マイクロファイナンスで何もかもが解決するわけではありません。マイクロファイナンスは言うなれば、巨大なインパクトを与えることのできる少量の触媒のようなものなのです。当初は、マイクロファイナンスが機能するとは誰も信じていませんでした。しかし、ここまで成長してきましたし、今後も伸びていくでしょう。最後に、ネルソン・マンデラの言葉を引用して終わりたいと思います。「成し遂げられるまでは、それはいつも不可能に思えるものだ」。ありがとうございました。

ダライ・ラマ　マイクロファイナンス投資はお金を生みますが、純粋に投資収益率の観点からすると、従来の投資と比べてどれほどのパフォーマンスをあげるのでしょうか。

アーサー・ヴェイロイアン　二〇パーセント台後半になり得ないのは明らかですし、それを目指しているわけでもありません。もし銀行口座に預金しても、今だとほとんど何も収益を得ることができないでしょう。もしこのマイクロファイナンスのファンドにお金を預ければ、二パーセントの収益を得ることができます。二〇〇九年には約六パーセントの収益を得ることができていました。これは金融危機のただ中では奇跡的な年でした。

マイクロ・アントレプレナーは六パーセント以上を返済しています。マイクロファイナンス・インスティテューションは、合理的な利益を含め、従業員の給料や他の手数料を賄うために高めのマージンを得ています。マイクロファイナンスがなければ、ピラミッドの底辺にいる多くの人々のためのオプション（選択肢）はとても惨めなままで、高利貸しに行くしかなかったのです。それは酷く残忍な選択肢です。ですから、一九七六年のバングラデシュでは、マイクロファイナンスのアイデアのルネサンスがありました。それは実際には非常に古いアイデアだったのですが、ムハマド・ユヌス教授がバングラデシュで復興させたのです。ユヌス教授はお金を無料で与えることはできないということをわかっていました。それだと慈善や援助になってしまうだけですから。とはいえ、他者の貧困につけこんで荒稼ぎする高利貸しのようになることもできません。ですから、どのようになるかは地域や国次第なのです。しかし、どこであっても、私たちはこう問わねばなりません。適正な利子の額はいくらなのかと。

ダライ・ラマ　素晴らしい。とてもよいですね。

マチウ・リカール　ムハマド・ユヌスは、彼が「無我の経済」（selfless economy）と呼ぶものについて語っています。無我の経済では、いくらかの利益はあるでしょうが、その利益は、利益自体のためや限られた人々のために積み立てる利益ではありません。そうではなく、女性が仕事に就けるようになったり、子どもを学校に送れるようになったりするのを手助けするような、社会の発展をサポートするための利益なのです。年末に出される貸借対照表は、あなたが生み出した何百万もの利益や、あなたが得た特別配当金を表しているのではありません。そうではなく、多くの人々があなたの活動に益されていることを表しているのであって、それこそが本当の貸借対照表なのです。あなたがどれほど役に立ったかは、どれくらい多くの子どもが就学したのか、あるいはどれくらい多くの人々が貧困から脱したのかによって測ることができます。二〇一〇年のダボス会議でユヌスは、現行の経済システムと競合することのない向社会的なビジネスのためのウォール・ストリートというものがありうるのではないかと提案しました。それは、向社会的な主目標を持つ会社に本当に投資をしたい人々が、それを為しうる組織を持てるように、シンプルに形成されるでしょう。

優れたフランス人経済学者から聞いたのですが、この種の投資は大物の投資家たちを魅了することは決してないだろうと言うのです。なぜなら大物の投資家たちは、自分たちの投資に対してハイリターンを求めるからです。ですから、このアイデアには本質的な限界があるのです。欲深い人々は五パーセントなんて取るに足らないと言うでしょう。彼らは多くを手に入れるためにリスクを取ることを好み、社会的進化に貢献しようなどとは考えていません。

より大きなスケールでの持続可能な成長についてどのようにお考えでしょうか？　向社会的なビジネスのためのウォール・ストリートはありうると思われますか？

ヴェイロイアン　向社会的なウォール・ストリートがあり得るのか、正直なところわかりません。しかし、最初のご質問についてですが、現場で大物の投資家たちを見かけます。しかし、あなたが言うようなまさしく「大物」の投資家たちは、この種のファンドに投資はしません。なぜなら、一〇〇〇ドルあるいは一〇〇〇ユーロ、一〇〇〇スイスフランもあれば投資できるからで、ミリオネア（百万長者）である必要はないからです。大物の投資家たちは自分たちのファンドを作ります。彼らは自分の財産の一部を取っておいて、自分自身のアイデアに注ぎ込むのです。

時に、そうした人たちは世界中で多角的に投資したいとは思っていません。アフリカのような特殊な地域に参入したいと思っているということはあります。アフリカにもマイクロファイナンスはありますが、ラテンアメリカや東南アジアのような他の地域におけるようなインパクトがあるわけではありません。ですから大物の投資家たちは、なぜグローバルに投資しなければならないのかと言うのです。彼らは、極度の貧困の減少がいまだ実現していない特殊な地域を支援しようとはします。人口が急速に増加しても、極度の貧困、困窮した生活を送る人々の割合は変わりません。アフリカの貧困の割合は変わっていないのです。

フンジカー＝エブネター　他のビジネスと同じく、このビジネスには急速な成長によるリスクが伴います。大口の投資家ではなく、大手銀行が原因です。あなたが高い専門性を発揮して長年勤めてきたクレディ・スイスではなく、他の大手銀行が巨額のお金を貸し付けたいがために、このビジネスに参入しようとしているのです。持続可能性のあるマイクロファイナンスの資金調達は、少額のお金を貸し付けることで成功してきました。大きな金額で借金できるようになってしまえば、より多くの男性を惹きつけると同時に頽廃を招くでしょう。というのも、男性は女性がするような規律のある返済をしないからです（女性は九八パーセントの確率で返済します）[4]。ですから、マイクロファイナンス・ビジネスは以前よりもリスクが増大しています。マイクロファイナンス・ビジネスのこうした発展は昨年から始まりました。というのも、あなたがおっしゃるように、株式取引をしないこれらの投資は、金融危機と同じようには崩壊しないからです。ですから、借主のジェンダーや、マイクロファイナンスのファンドからの借金総額について確認し、気をつけなければならないのです。

リカール　他にも心配なことがあります。もちろん、極度の貧困を強いられている人々の数は世界中で減りました。しかし貧富の差は、二〇世紀初頭の二〇倍にも拡がっており、それはさらなるスピードで拡がり続けています。ノーベル経済学賞を受賞した経済学者ジョセフ・スティグリッツによれば、アメリカの富豪上位一〇名は最貧困層九八〇〇万人すべてを合わせたのと同じ富を持っているのです。もしこれと同じ割合で事が進めば、二〇五〇年には二〇〇〇人のアメリカ人が、全体のお金の九八パーセントを所有するだろうと言う人もいます。もちろんそれは起こりえないことですが、不平等は拡がる傾向にあります。その傾向はこの資金調達のアイデアにどのような影響を与えるでしょうか?

ヴェイロイアン　それについては、お金はまるで磁石のようだ、とお答えすることになるでしょうか。もし、あなたが少しのお金を持っているならば、より多くのお金を手に入れることは容易です。もし、まったくお金を持っていないならば、ほんの少しのお金さえも手に入れるのは難しい。実際にアダム・スミスはそう言ったのです。そして、一度大金を持つようになれば、そのお金は驚異的なスピードで貯まっていき、他の人が追いつけなくなるほど、貧富の差が拡がっていくのです。

「極度の貧困」(extreme poverty) と呼ばれる、とても悲惨で、いくぶん単純化した定義を私たちは用います。これはジェフリー・サックス〔一九五四年― 。経済学者。コロンビア大学地球研究所長や各国政府の経済顧問を歴任し、貧困対策、エイズ対策等の積極的な活動を行う〕から私たちまでのみなが参照する世界銀行の定義で、購買力平価で一日一・二五ドル以下でしか生活できない状態を言います。これは極度の貧困がどのようなものかを記述したものに過ぎず、その統計値はますます富んでいく富裕層と貧困層の格差を示しはしません。しかし、悪いニュースばかりのなかにも、いくらかの変化が起こっていることを示しています。極度の貧困のなかにある人々が世界人口の「たったの」二〇パーセントであるということは、歴史的に見て進展を表しているのです。

二〇〇年前の状況は正反対でした。世界銀行の推計によると、一八二〇年には世界の八〇パーセントの人々が極度の貧困状態にあったのです[5]。この数学だけを考慮に入れるならば、私たちはよくやったということになります。しかし、考えなければならないことはたくさんあります。毎日、一七〇〇〇人もの子どもが飢餓で亡くなっています。ですから、単純によい方への進展があったから、くつろごうなどとは言えないわけです。私たちは状況を改善するために、より活動的にならねばなりません。

第一三章　ベアフット・カレッジ

サンジット・ブンカー・ロイ

インドの教育者、ソーシャル・アントレプレナー（社会起業家）、活動家。農村の問題を解決するために伝統的な土着の知識を用いるべきだという考えに基づくオルタナティブ（代替的）な私設教育機関ベアフット・カレッジ（Barefoot College）の創設者。その革新的な教育モデルはアフリカを中心として五四カ国に広まっている。

ブンカーの人生が完全に変わったのは、一九六五年にビハール州の農村で、一般的に言うところの「教育を受けていない」村人たちが計り知れない知識を持っていることを目の当たりにしてからだった。ブンカーは、そうした知恵を活用できる場所としてのベアフット・カレッジの進化について記した。そして、ゲルト・スコベルとダライ・ラマ法王とともに農村都市間移動について検討し、マチウ・リカールがベアフットのようなあまり知られていないNGOの可能性を確認して、この発表を締めくくった。

私がまだ少年だった一九五六年のこと、ダライ・ラマ法王猊下《げいか》は私の母校であるドゥーン・スクール（Doon School）にパンチェン・ラマと一緒にいらっしゃいました。[1] 私はインドのなかでもきわめて上流気取りでエリート主義の贅沢な教育を受けていました。私はドゥーン・スクールから、デリーのセント・ステファンズ・カレッジ（St. Stephen's College）に入りました。[2] 私の人生は何もかもが準備されていました。インドの家族というものがどのようであるかはご存じの通り、私の家族は私の未来のためにすべてを用意していました。仕事も準備されていました。私が受けた教育は、私を横柄にすることに、十分役立ったと思います。私を思い上がらせ、何でも知っているとうぬぼれさせました。このような贅沢な教育によって、わが身を滅ぼすことがあるのです。

一九六五年のビハール飢饉の際、ジャヤプラカーシュ・ナーラヤン（Jayaprakash Narayan）は、村に助けにきてくれるようインドの若者に呼びかけました。[3] 私はその村に行き、そこで人生が変わったのです。そこから帰り、村落に住んで働きたいと母親に告げたところ、母はほとんど気を失ってしまいました。彼女は、私がビハールで過ごしたほんの一四日間で何が起こったのかを理解できなかったのです。そして母は私に、「村で何がしたいの？」と尋ねました。私が「ラージャスターンで水を得るために井戸を掘っている、未熟練の労働者たちとともにいたい」と答えたところ、これがさらに母の怒りを買い、それ以降、何年も私と口をきいてくれなくなりました。というのも母は、私が村に行って住むことでわが家族のイメージを貶《おとし》めると思ったからです。

私がこの四〇年間、ずっと働くことになった村を初めて訪れたのは一九七一年でした。村に到着すると、お年寄りがやってきて「警察から逃げてきたのか？」と言うのです。私が「違います」と答えると、今度は「政府の仕事に就けなかったのか？」と聞いてきました。私が「いいえ、そうではありません」と言うと、「試験に落ちたのか？　ここで何をしている？　どこか調子が悪いのか？」と聞いてきました。

これはインドで見られる普通の反応でしたし、もしかすると世界中でも同じなのかもしれません。パリやチューリッヒやニューヨークといった都会に行ったはずの人が村に戻ってくれば、とてもよくないことがあったり、何かしらの刑罰を受けたりしたのではないかと思われるのです。五年間、私は未熟練の労働者たちと一緒に井戸を掘りました。そうするなかで私は非常に貧しい人々が持っている驚くほど高いスキルや知識や知恵に触れたのです。それらは本から得られるものではありませんし、大学で手に入れられるものでもありません。文字を読んで得るものではなく、実際に感じ取るしかないものなのです。そうした驚くほど高いスキルや知識や知恵は、思考のメインストリームに位置づけられる必要があると私は感じました。このときが、ラージャスターンにあるティローニヤー（Tilonia）と呼ばれるとても小さな村で私が創設した、ベアフット・カレッジの始まりでした。

村のお年寄りに私が何をしているのかについて話をするとき、彼らは「あなたがカレッジでしてはいけないことがいくつかある。学位や資格のある人を誰も採用してはならない」と言いました。

ですから、博士や修士の学位を持っている人が教師として採用されない大学というのは、インドで、また私の知っている限り世界でここだけだと思います。教師は、自らの手で仕事をする人でなければなりませんし、村のコミュニティで入手できる知識やスキルは西洋からの情報よりもはるかに重要ですから、そうした知識やスキルに敬意を払う人でなければなりません。また、質素であることを旨とする人でなければなりません。ベアフットは、マハートマー・ガンディーの生活や仕事のスタイルを範とする、インドでも数少ない大学の一つです。床に直接座り、床で食事や仕事をします。また、お金のためではなく、やりがいのためにきているわけですから、一月一五〇ドル以上の給料を得る職員は誰もいません。貧しい人とともに働くためにくるのですから、他の人が一致して倣おうとするような模範を示すことができなければなりません。

今日のトップダウン型の経済モデルを私は容認できません。それは、西洋やデリーのどこかから村落へのトップダウンです。経済システムの底の方に沈んでいる非常に多くの知識やスキルを、なぜ最初に開発しようとしないのでしょうか？　もしそうした知識が最新のものではないのならば、あるいはアップグレードされる必要があるのならば、外部の知識を導入します。しかしまずは、とても貧しい人々自身を発展させるために彼らの能力や技量を開発すること、これが西洋に伝える必要があると私が思う最も重要なメッセージなのです。

村のスキルと地元のローコストな資材を用いて、私たちは一九八六年に、一平方フィートあたり一・五〇ドルでベアフット・カレッジのティローニヤー・キャンパスを建設しました。それは今で

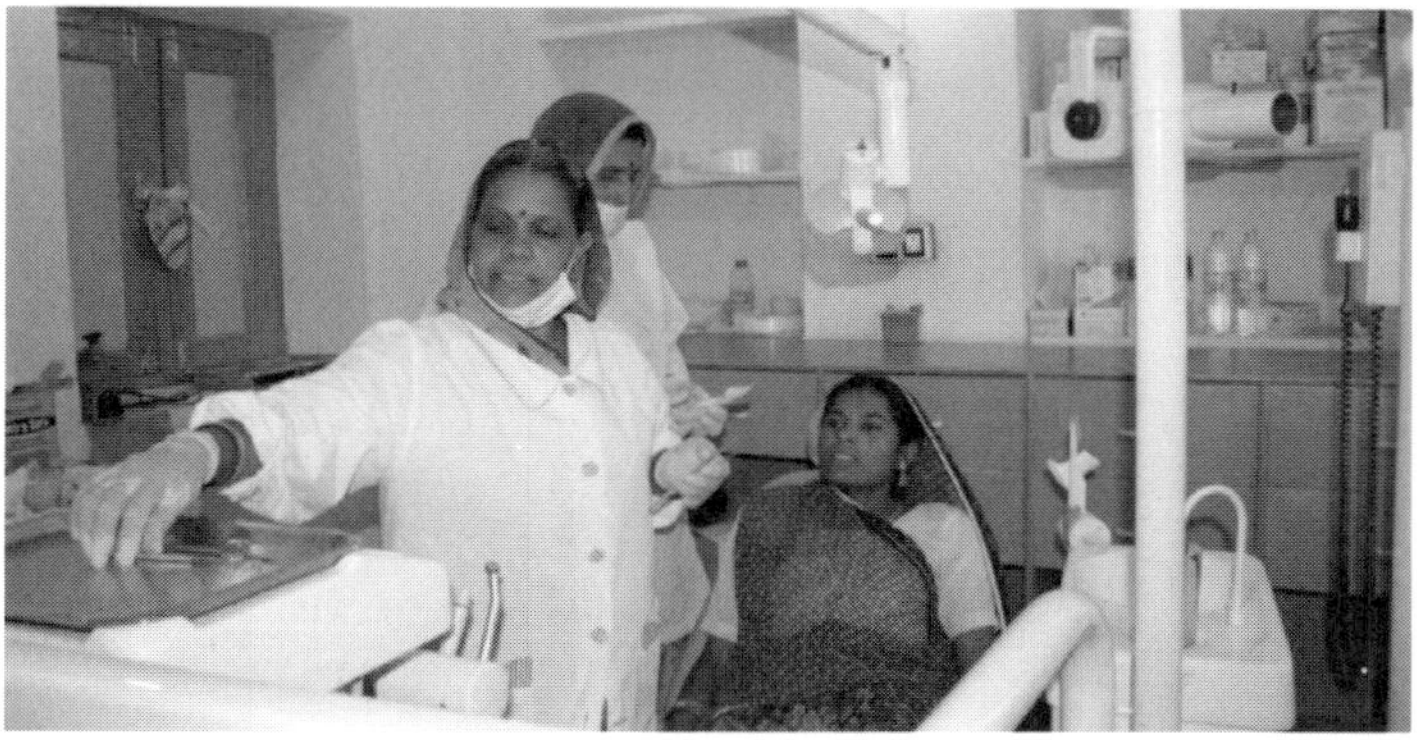

図13・1　この写真に写っている女性たちは読み書きはできないが，エレクトロニクスのエンジニアとしてトレーニングを受けてきた．

も読み書きができない人々によって建てられたのです。ベアフットでは、最も洗練された技術を用いることができますが、伝統的な知恵やローカルな人々の技術を犠牲にすることはありません。ベアフットはインドで唯一、太陽光エネルギーですべてを賄っているカレッジです。屋根に四五キロワットのパネルがあって、それで四〇台のコンピュータ、電話交換台、インターネット、七〇〇台の照明と扇風機、図書館、食堂、視聴覚室、歯科用治療椅子の電力を賄っているのです。調理するときにも太陽光電力を用いています。調理にガスを使うのは非常時だけです。この太陽光エネルギー・システムは、ヒンドゥー教の司祭が組み立てて作り上げ、設置しました。彼は私の知る限り、世界中のどこの大学の誰よりも太陽光エネルギーについてよく知っています。

　読み書きができないからといって、建築家になれないなんていったい誰が言ったのでしょう？　歯医者にも、水道技師にも、太陽光エンジニアにもです。こうしたことをするためには読み書きを覚えなければならないと、私たちは思い込んでいるだけなのです。一般的な教育を受けたことのない村

図13・2A　ベアフット・カレッジのティローニヤー・キャンパスにある食堂の屋根に設置されているパラボラ型太陽光調理器具．この太陽光調理器具で60人のスタッフのために1日2回の食事を作る．

図13・2B　読み書きができない30歳の女性シェーナズは，太陽光調理器具にもなる洗練された時計を組み立てる．

人を受け入れて私たちは、彼らがコンピュータを使って仕事をし、教師、医者、エンジニア、建築家になるよう訓練しました。

図13・3　パフォーマーは指人形を使って，ドメスティック・バイオレンスのような社会問題や，飲料水の浄化や，教育の重要性についてのメッセージを伝える．指人形は世界銀行レポートをリサイクルして作られている．

この太陽光調理器具（図13・2a）は四人の女性が組み立てたものです。法王猊下《げいか》、これは最高に洗練されたパラボラ型太陽光調理器具なのです。これを作った女性たちは読み書きはできませんが、信じられないくらい緻密な仕事をするのです。彼女たちは、調理が灯油や木材だけに依存しないようにするため、太陽光調理器具を組み立てて村で売る団体を組織しました。彼女たちは、小学校に入る前の子どもたちの学校に太陽光調理器具を供給もしました。いまや一歳から五歳までの一〇〇〇人以上の子どもたちが、太陽光で調理された食事を摂っています。

伝統文化の重要性と妥当性を失ってはいけないとも私たちは確信しています。ですから、きわめて重要な社会的メッセージを伝えるために、人形劇のような伝統芸能を用いています。学校や市場にいる五〇〇〇人が見ることのできる手づかい人形のための部屋で、五〇人だけが見ることのできる操り人形によって技術の伝達は行われます。大道芸人や人形師のような伝統的な伝道師がきわめて大きな力を持っていることを、ベアフット・カレッジは確信しています。筋書きは即興です。上演は舞台と観客との双方向的で、質問したい観客がいれば上演中でもストップします。人形師たちは毎年一〇万人以上の人々の前で、医者、教師、弁護士、精神分析医、エンジニアといった役を演じています。

私たちは六つの州で二二五の学校を運営しています。そこでは七〇〇〇人の子どもが学び、そのうち五五〇〇人は女の子です。ほとんどの子どもは午前中に牛やヤギや羊の世話をしなければなりませんから、夜間に学校を運営しています。すべての学校は太陽電池照明で照らされています。そして、すべての生徒は子ども議会の選挙に参加します。市民権や民主主義、正しいリーダーを選ぶ方法について、子どもたちは知らねばなりません。ですから、選挙を行い、三年ごとに子ども議会を開催します。首相は一二歳の女の子です。彼女は午前中に二〇頭のヤギの世話をし、午後は首相をしているのです。彼女には内閣があり、内閣は自分たちの学校を監視・監督します。私たちは子どもたちの内閣が決めたことを実施しなければなりません。

二〇〇一年にベアフット・カレッジと子ども議会は、十分な社会的サービスを受けることのできていない子どもたちへの教育、特に女の子への教育が評価され、世界子ども賞名誉賞を受賞しました。首相を務めるデーヴァキという名前の女の子は、これまで一度たりとも村を離れたことがなかったのですが、スウェーデンに行き、スウェーデン王妃から賞を授与されました。王妃は、一二歳のこの少女が周りの何ものにも目をくらまされなかったことが信じられなかったようです。彼女がどこで自信を得たのかを首相に聞くようにと私は王妃から頼まれました。デーヴァキは毅然とした態度で、そしてまっすぐに王妃を見て言いました。「私は首相だ、と彼女に伝えてください！」

ラージャスターンのさまざまな村を太陽光発電で電化した後、私たちはインドの他の地域にもこの技術を広めました。インド中の六〇〇の村を太陽光発電で電化しました。シアチェン氷河近くのヌブラ渓谷にあるラダックにも行きました。ラダックでは気温がマイナス四〇度にも達します。私はラダックの女性に、「太陽光エネルギーはどのように役立ちましたか」と尋ねました。すると彼女は、少し考えてからこう答えました。「冬に夫と顔を合わせることができたのは、これが初めてです」。

二〇〇五年から二〇〇六年に、私たちはアフガニスタンにもベアフットのモデルを拡げました。私たちはアフガニスタンに行って、「エンジニアとなるべく、女性をトレーニングしませんか」と言いました。すると男性は、「不可能ですよ。女性たちは自分の部屋から離れるわけにはいきません。彼女たちをインドに連れて行きたいのですか」と答えました。そこで私は、「では、夫たちも一緒にトレーニングすることを約束します」と言ったので、夫たちもやってきました。二〇〇五年に私たちは彼女たちを教育し、彼女らは最初にアフガニスタンの五つの村を太陽光発電で電化しました。私が選ぶベスト女性太陽光エンジニアは、グル・バハールという五五歳のお祖母《ばあ》さんです。

彼女は読み書きができませんが、アフガニスタンの二〇〇軒の家を太陽光発電で電化しました。私は彼女に、アフガニスタンのエンジニアたちに講演するよう頼みました。彼女はエンジニアたちに、交流と直流の違いを教えました。エンジニアたちはその違いを知らなかったのです。

今日、私たちがトレーニングした三人のアフガニスタン女性たちは、二七人以上の女性をトレーニングし、アフガニスタンの一〇〇もの村々を太陽光発電で電化しています。私は国連で、「私たちは三人の女性と二人の男性をインドに連れてきて、彼女らをトレーニングし、一四〇台のソーラーパネルを購入して輸送し、五つの村を太陽光発電で電化しました。私たちはこれらを六カ月間で成し遂げたのです」と言いました。そして、「どれくらいのコストがかかったと思いますか」と国連の人々に問いかけました。太陽光発電は非常に高価なものだと思われていますから、彼らはいくらコストがかかったのか推測できませんでした。そこで私は言いました。「国連のコンサルタントが、カブールで一年間務めるのと同じコストです」。そう、私たちはこうも言ったのです。「これはスキャンダルですね。カブールには国連のコンサルタントが七〇〇名もいるのに、彼らが太陽光発電で電化した村は一つたりともないのですから」。

私たちは女性とともに素晴らしい成功を収めてきました。しかし重要な教訓も得ました。法王猊下、その教訓というのは、男性はトレーニングできないということです。男性は落ち着きがありません。いやおうなく流動的で、修了証明書を欲しがります。彼らが修了証明書を手に入れたら……。

ダライ・ラマ　でも、あなた自身は？

サンジット・ブンカー・ロイ　法王猊下、私は仕方ありません（笑）。

ダライ・ラマ　実に素晴らしいですね。

ブンカー・ロイ　男性たちは修了証明書を手に入れたら、村を離れてしまい、都市で仕事を探そうとします。ですから私としては、高齢の女性に投資するのが最善だと考えるのです。四〇歳から五〇歳のお祖母《ばあ》さんは、最も円熟しており、寛容で、とても度胸があります。私たちがトレーニングした何人かのお祖母さんはアフリカ出身です。彼女たちは読み書きができず、これまで村から出たことがなかったのですが、ベアフット・カレッジに六カ月間滞在しました。彼女たちは決して離れたことのない村からやってきたのです。インド政府はこのような生徒のための白紙委任状を私に与えました。身振り手振りで、つまり単語を書くことも話すこともなく、六カ月間で彼女たちを太陽光発電のエンジニアにするべくトレーニングしたのです。彼女たちはみな、互いに話しはしますが、それぞれジョラ語、ウォロフ語、フランス語、スワヒリ語を話すので、何を言っているのか互いに理解できません。しかし、ボディーランゲージは彼女たちが学びたいことを理解するのにとても有用でした。私たちが彼女たちに最初に伝えたのは、「あなたたちは、自分の国のなかでも数少ないエンジニアになる女性の一人なのです。ですから忘れないでください。あなたたちはそうした女性たちの代表なのです」ということでした。彼女たちが自分たちの国に帰るとき、飛行機からの足取りは自信に満ち溢れていました。とても素晴らしい変化です。ですから法王猊下、もしベアフット・カレッジに入学させたいお祖母さんをご存じなら、私たちは喜んで受け入れます。

私たちはアフリカの三〇カ国からやってきた女性たちと一緒に働いてきました。それらの国々からきた三〇〇人を越えるお祖母さんたちをトレーニングしてきました。七〇〇〇軒の家を太陽光発電で電化してきたわけですが、それにかかったコストの総額は二〇〇万ドルでした。これは、ジェフリー・サックスがアフリカの一つの村、たった一つの村に費やしたのと同じ金額です。もしもっと多くのお金があれば、さらに広めていけますね。最後にマハートマー・ガンディーの言葉を引用して終わりたいと思います。「彼らは最初にはあなたを無視し、次にはあなたを笑い、さらにはあなたを打ちのめす。しかし最後に勝つのはあなたである」。

ダライ・ラマ　本当に素晴らしい。これはインド人の友人たちに言い続けてきたことなのですが、インドでは村落や田舎から変化が生まれるべきだという確信が私にはあります。これはまさしく、あなたがなさった仕事ですね。インドは世界の他の国々、特に南側の貧しい国々の模範になりうると思っています。六〇億人のうちの大多数は貧しいわけですから、高い費用をかけない現実的な変化は起こりうるでしょう。あなたが発表した方法で六〇億人のための現実的な変化が実現するということには、まさしく希望が満ちています。インドでは、バンガロールやハイデラバードのようないくつかの大きな都市が急速に発展を遂げています。しかしそれは、インドの現実的な変化だとは言えません。現実的な変化は村落から生まれるべきなのです。ですから、私はあなたがなさっていることを本当に高く評価しています。ほとんど読み書きのできない教師やエンジニアの何人かに、インドに点在する亡命チベット人の入植地にきていただきたいですね。若いチベット人たちは何らかの修了証明書をしきりに求めていて、大きな都市に行って仕事を得ようとしているのです。村は農業入植地なのですが、いくらかの教育を受けた健康で丈夫な人たちは村から離れることを好むのです。私たちのもともとの計画を実現するのは難しくなっています。ですから、もしあなたにお時間があれば、私たちのところへお招きして、あなたの手法を教えていただきたいと本当に願っています。

ブンカー・ロイ　法王猊下、いつでも喜んで。

ダライ・ラマ　最終的には中国もあなたの手法を学ぶべきだと思っています。中国の沿岸部は非常に発展していますが、内陸部はきわめて貧しいですね。ですから、インドは発展と変化のグル（導師）になるべきだと思います。カール・マルクスではなく、インドのグルです！

ゲルト・スコベル　あなたのご発表について、おうかがいしたいことが二つあります。一つ目は移動についてです。法王猊下も触れておられたように、もし学位を持っていればその人は都市に行ってしまうという話ですね。なぜ都市に惹かれるのでしょうか？　この種の移動をどうやったら防げるのでしょうか？　中国とインドについてですが、インドには非常に長い民主主義の伝統がありますが、中国にはそれがありません。そのことが両国にどのような違いをもたらすのでしょうか？

ブンカー・ロイ　主な違いは、すべてのインド市民は体制に反対する意見を言う権利を持っているということです。インドは、反体制と反政府の違いを理解しています。中国は、異議や議論や開かれた討論を奨励しない、トップダウンの硬直的な政治構造を持っています。インドには諸個人が成長する余地がありますが、中国にはそうした余地がありません。
移動を防ぐためには、村でのクオリティ・オブ・ライフ（人生・生活の質）を向上させなければならないと確信しています。もし仕事を創出できれば、もし飲料水や照明の環境を改善できれば、いったい誰がムンバイのスラムなんかに行こうなどと考えるでしょうか？　私たちの仕事は、経済的・環境的プレッシャーによって人々が移動してしまわないように、村でのクオリティ・オブ・ライフの改善を確かなものにすることなのです。基本サービスを改善し、人々に仕事を与え、その仕事が人々に尊厳と自尊心をもたらすものであるならば、人々はその村にとどまるでしょう。それが答えだと思っています。アフリカで太陽光発電の電化を行ったときに気づいたことがあります。村人たちは太陽電池照明を初めて見たことで、都市から自分の村に戻ってきていました。ですから村に太陽電池照明を導入することで、都市に移動した人々を村に戻せるのです。女性たち、お祖母さんたちは修理やメンテナンスをすることによってコミュニティから報酬を得ます。彼女たちはもはや女性ではなく、エンジニアなのです。
ダライ・ラマ　「女性のエンジニア」と言う方がよいのではないでしょうか。「もはや女性ではなく」という表現はよくないように思います。
ブンカー・ロイ　女性のお祖母さんエンジニア、というところでしょうか。
ダライ・ラマ　いいですね。その方がよいと思います。

マチウ・リカール　これまでの議論のなかで、私たちが十分に考慮に入れていなかったかもしれない非常に力強い勢力があります。それは草の根のＮＧＯです。いまや世界中に何百万ものＮＧＯがあります。ブンカーの事例は壮大かつ地道なものですね。しかし、他にもとても多くの取り組みがなされています。より小さい規模のものや、バングラデシュで六〇〇〇万人の女性を貧困から救ったＢＲＡＣ（バングラデシュ農村向上委員会）のような大規模のものがあります。「ウォール・ストリートで働くためではなく、人道的な仕事を効果的に成し遂げる方法を学ぶためにビジネス・スクールに通いたい」と言っている若者は今やどこにでもいます。先進国にさえもいます。もちろん、人道的な仕事を行うには、ビジネス・スクールの机で単に考え方を学ぶだけではなく、現場に出て、身をもってさまざまなことを学ぶ必要があるわけですが、この傾向には励まされます。

ブンカーの話に合う、ちょっとした事例をご紹介したいと思います。ネパールにいる私の友人ウッタム・サンジェルは、私たちが運営する人道組織カルナー・シェチェン（Karuna-Shechen）を支援する仕事を何年も続けてくれています。ウッタムは、カトマンドゥや他の都市の路上でうろついている子どもたちの数に愕然としました。子どもたちは教育の欠如によってトラブルに巻き込まれていたのです。問題は、都市にきた親たちが働き詰めの状態にならざるを得ないことにありました。そうした親は、昼間は部屋に子どもを置いておき、夜に食事を与えます。もちろん子どもたちはじっとしているわけがありません。子どもたちは路上をうろつき、人の物を盗み始め、シンナーなどを吸い始めます。ですから友人のウッタムは、とても小さな学校を作るための竹を各家庭から二本ずつもらうために家々を回りました。それが一二年前のことです。彼はまったくお金を持っていませんでした。今や二万人の子どもたちが竹の学校で学んでいます。二カ月半あれば、二五〇〇人の子どもたちのための学校を一〇万ドルで建てることができるのです。この上なく素晴らしいことです。ネパールで生徒が一五万人に達することが理想です。私たちの組織はウッタムが九つの学校を建てることを支援しています。

他にも、インドのカトリック修道女の事例を挙げることができます。シスター・ジェシーはビハールの村で小さなプログラムを始めました。最初の年、彼女は一人の女性にひよこを与え、またその女性の子どもが学校に行けるようにするための少額の元金が入っている銀行口座の通帳を与えました。その女性の夫は酒を飲んでばかりいて、お金があれば酒を買うのに使い尽くしてしまうので、夫には銀行口座を使えないようにしました。二年目に、もしその女性が順調に行っていて、彼女の子どもが学校に通っていたら、シスター・ジェシーはヤギを彼女に与えるでしょう。三年目に、その女性の子どもが学校に通い続け、夫に何も取られることなく、ヤギのミルクを売って得たいくばくかの資金を何とか維持できれば、その女性は牛を手に入れることができます。そして四年目、彼女はもっとよい家を建てる支援を得ることになります。

これらはたった二つの事例ですが、他にももっとたくさんあります。これらのNGOは非常に熱心です。多国籍のいくつかのNGOのように間接経費を六〇パーセントも取るようなことはしません。三から五パーセントの間接経費で運営しています。私たちが運営する小さな組織カルナー・シエチエンは、一二年間で一二〇のプロジェクトを行ってきましたが、これまでずっと五パーセントの間接経費でやってきました。もし、私たちのようなNGOの一〇〇の団体に大きな組織が資金を提供してくれるならば、五パーセントの間接経費で、一万もの草の根のプロジェクトを実施できるでしょう。一つの巨大な組織を作るのではなく、一つのよい事例を何度も何度も複製していくことがもう一つのやり方だと思います。

NGOは、より協力的で利他的で献身的な社会に向かうムーブメントの非常に力強い勢力です。もちろん、マイクロクレジットはNGOの活動を促進しています。しかし、確立された大きな組織がよりよく組織化されて、小さな草の根のNGOとより効果的に共働できるようにするにはどうすればよいかということも、もっと考えるべきだと思っています。

第一四章　コンパッションに満ちたリーダーシップ

ウィリアム・ジョージ

ハーバード・ビジネス・スクール教授。専門は経営管理。リーダーシップ育成と倫理を教えている。医療機器メーカー、メドトロニックの元会長・CEO。彼のリーダーシップの下で、会社の時価総額が各年平均三五パーセント増加し、一一億ドルから六〇〇億ドルにまで上昇した。ウィリアムは真のリーダーの資質について議論した。真のリーダーはどのようにして見出され、育成されるのか、彼らに期待されるものは何か、彼らが守るのは誰の利益なのか。ビジネスの世界ではどこにおいても、リーダーが自分自身の幸福を見つけることができるのは、まず他者を助けることによってであるとウィリアムは語る。ダライ・ラマ法王が、非物質的な価値に私たちの関心の焦点を向け直す必要があることと、長期的な満足を創り出すことについて語って締めくくった。

法王猊下《げいか》、ご一緒できて光栄です。ここで発表されたみなさんの研究は、コンパッション（他者が苦から離れるようにとの思い、共苦）と利他への取り組みについてであり、とても素晴らしい事例をうかがって勇気づけられました。そこで課題となるのは、社会や経済システムを本当に変えることのできる利他的な組織を作るために、みなさんの研究をどのようにして大規模に展開できるのかということだと思います。これは、私が八年前に実業界から退いて以来、ずっと研究してきた問題領域です。鍵となるのはコンパッションに満ちた本物のリーダーシップの育成だと確信しています。新しい世代のリーダーには、こうした新しいリーダーシップを発揮して一歩前へ進んでもらわねばなりません。

金融メルトダウンと私たちが呼んでいる二〇〇八年の経済危機は、経済の失敗だと多くの人々は考えました。しかし、より深いレベルで見れば、経済的な失敗だというわけではありません。むしろ、精神的な失敗なのです。物質的な富によって幸福になることができ、より多くの物質的な富を蓄積すればより幸福になれるのだと、とても多くの人々が心から信じていました。しかし、その逆こそが真実であると多くの人々は気づいたのです。物質的な富を信じていた人々は幸福ではなく、他者を大きく傷つけていたのです。

世界では大きな就職危機が生じていて、人々が仕事に就けずにいます。仕事は良いものであり、意義のあるものだと考えている世界では、仕事の欠如が大きな破滅を生み出しています。社会全体を益するような利他的なアプローチやコンパッションを通して他者の役に立つことにこそ本当の意味があるのだという事実に、私たちは立ち帰る必要があるのです。これが、本日私がお話ししたいことです。

私の基本的な前提は、コンパッションに満ちた真正なリーダーシップこそが欠かせないものであるということです。それは単によいだけではなく、健全な社会にとって必要なものなのです。そうしたリーダーシップを効果的に作用させる一連の仕組みが必要であると、エルンスト・フェールやその他の方の発表を聞いて確信しました。不適切な行為に対する一連の制裁を必要としていますし、さらに重要なのは、社会や組織、そして個人にポジティブなインパクトを与えるリーダーたちを必要としているということです。これらがなければ、健全な社会を作ることはできないでしょう。というのも、頭のいい人たちはいつもルールの抜け道を見つけるでしょうから。

何が経済的な失敗を引き起こしたのかについて考えることが大切です。私は自分の世代のリーダーたちに失望しています。彼らは責任を果たしていないと私は思っています。ですから私は次の世代と一緒に仕事をしています。この一〇年間におけるリーダーシップの失敗の結果として、リーダーたちは信用と信頼を失いました。私たちが自分たちのリーダーを信頼できないというのは深刻な状況です。ハーバード大学のケネディ・スクールが行った研究によると、人々の三人のうち二人は、自分たちのリーダーを信頼しておらず、リーダーたちの価値基準や倫理を信頼していません（私が「倫理」というときには世俗的な倫理のことを指しており、いかなる宗教的な倫理も意味しておりません）。

問題の根本的な原因は、一般の人々や組織に対する責任を差しおいて自己利益を優先させるリーダーたちだと私は考えています。リーダーシップを取る人には、人々に対する重い責任があります。もしリーダーが人々よりも自分を優先させれば、責任を果たせず、人々を大きく傷つけることになりかねません。

また、外の世界からの称賛を求める人々や、外的な要因による動機づけが広く行き渡っています。言い換えると、心の平安を見つけようとはせずに、お世辞や報酬としてのお金を求めているのです。他者の役に立ち、人々と深いつながりを持ち、社会や世界にとって良いものを生み出すことによる本質的な満足を得ようとせず、権力、名声、表彰、栄光を追い求めています。

一歩前進するために私たちは、純真でコンパッションに満ちた真正なるリーダーの新しい世代を必要としています。そうしたリーダーは、他者や社会に奉仕することがリーダーの目的であることを理解しています。彼らは自らの価値基準に基づいて、口だけではなく、その生涯を通してそれを実行に移します。彼らは知識人とだけではなく、リーダーシップのホリスティック（全体性・全体的）な形に合致する人と共働します。これは、知識人の役割を軽く見積もらせようという意味で言っているのではありません。知識人もまた、リーダーの役割を誠心誠意果たさなければならないという意味です。そうするためには、毎日の生活において、自分自身を律していかなければなりません。

リーダーの新しい世代が現れるには、トップダウン型のリーダーシップから離れる必要があります。何年間も私たちは、組織内部のさまざまなレベルで、前進してリードできる可能性を持った人を探そうとせずに、組織の頂点で権力を握っている人に目を向け、そうした人について研究してきました。

人々の求めるものは変わった、と私はより深いレベルで信じています。お金は目標たり得ないということを、人々は苦い経験から学んだのです。人々の生きる意味についての深くて根本的な調査があります。私が以前勤めていた医療機器メーカー、メドトロニックでの私たちの使命と目的は、人々が健康で満たされた生活を取り戻せるようにすることでした。私たちは一株当たりの収益ではなく、どれだけ多くの人々を助けたかによって自分たちの会社を評価しました。最も誇りに感じているのは、私がその会社に在籍していたときに、私たちの仕事を通じて、より満たされた活動的な生活を取り戻せた人々が、一年当たり三〇万人から一〇〇〇万人にまで増えたことです。私たちはいつもこの意味を社員に伝えようとしました。なぜならそれこそが、株価や収益よりも社員をインスパイアするものだからです。

二一世紀のリーダーの役割は、過去の世紀のそれとは異なり、人々に意味や目的、価値観をもたらすことにあります。特にグローバルに展開している組織では、人々が組織の目的を信じ、価値基準に基づいて実践するのはとても難しいことです。

リーダーの二つ目の役割は、他の人々に対して権力をふるわないことです。多くの学者はリーダーシップを権力として描いています。権力についてのこの考え方は、ゼロサムゲームを想起させます。もし私があなたに権力を与えれば、私は権力を失うのです。しかし私はこの考え方は違うと思います。リーダーシップというのは、リードする力を他者に与えることだと私は考えています。力を与えることは、むしろ愛に近いのです。それは無限であり得ます。もし他の人々に、前進しリードする力を与えることができれば、私たちはより強い組織で力の及ぶ限り貢献することができるでしょう。

もう何年も前に、私がメドトロニックで出会った女性の事例をご紹介したいと思います。彼女は心臓弁を作っていました。当時、もし人間の心臓弁が機能しなくなれば、豚から弁を取ってきて、人間の機能不全の心臓弁と置き換えることができました。この女性は工場でトップの従業員でした。私が彼女に仕事について尋ねたところ、情熱を込めて私を見、こう言ったのです。「私の仕事は人々の命を救う心臓弁を作ることです。私は年間一〇〇〇個の心臓弁を作っています。もし、一つでも心臓弁に欠陥があれば、誰かが亡くなってしまうのです。誰であれ他の人が亡くなる原因に、自分がなっているかもしれないと考えると私は生きていけません」。しかし、彼女はこうも言いました。「夜、家に帰ると、私が作った製品のおかげで今日も世界で五〇〇〇人の人々が健康に生きているのだとも思えるのです」。

この女性は、力を与えられたリーダーです。彼女は公的にリーダーの役職についているわけではなく、スーパーバイザー（監督者・管理者）でもありません。しかし従業員はみな、彼女から何かを得ようと彼女に眼を向けています。これは力を与えられたリーダーシップの一種であり、私たちはこれをもっと広めていく必要があります。

多くの人々は、投資家やオーナーや株主のために働いているのだと強く主張します。ある程度それは真実です。しかしもしかすると、それ以上に、リーダーは従業員や顧客のために働いているのかもしれません。組織に奉仕するサーバント・リーダー（支援型リーダー）として仕事を全うすれば、他のみなも仕事を全うできるのです。他者が自分に仕えているなどとリーダーが考えていては失敗するでしょう。

他に考慮すべき重要なことは、組織内部の競争です。これに対する新たな潮流は協力です。アーサー・ヴェイロイアンからマイクロファイナンスのお話をうかがいました。マイクロファイナンスは、村の人々の団結した協力があって初めて成り立ちます。彼らはトラスト・バンクを形作っていて、互いに助け合っているのです。そうでなければ、うまくいきません。ブンカー・ロイが話してくれた太陽光発電の村への実装は、エンジニアだけではなく、技術を導入した人から装置を取り付けた人にいたるまで、団結して協力した人々全員の力によるものです。メドトロニックでは患者の方々に私たちと共働してもらえるようにお願いしています。共働についてのこのような広い視野が必要です。これが私たちの向かうべきリーダーシップの新しい形なのです。

私たちは、一二五人のリーダーたちと腹を割って話すことで、一人称の研究を行ってきました。彼らの人生において、何が彼らをリーダーになるよう駆り立てたのでしょうか？　彼らは人生において、どのように困難を切り抜けてきたのでしょうか？　彼らのリーダーシップは、そのユニークな特徴や特性からではなく、彼らが何者であるのか、彼らの持つ内面的な衝動、あるいはライフストーリーからくるものだということを私たちは発見しました。また私たちは、リーダーというのは生まれたり、作られたりするものではないということを学びもしました。リーダーは育まれるものなのです。私たちは一連の実践を通して、リーダーシップを育まねばならないのです。

ダニエル・ゴールマン〔心理学者、科学ジャーナリスト〕は、心の知能（emotional intelligence）あるいは心の知能指数（ＥＱ）の間口を拡げました。学校ではそれを育むための十分な時間がありません。しかし、それは私たちがみな、自分自身に問いかける次のような問題の核心にあるものなのです。私という意識はいったいどのように手に入れたのか？　自分の来歴をどのように理解するのか？　怒りや恐れや不安の源をどのように認識することで解消するのか？　真の人間性をどのように育むのか？　自分のリーダーシップの目的をどこに見定めるのか？　どのようにしてリードするのか？　社会の質を高めることにどのように貢献できるのか？

私は三四年間、瞑想を続けており、自分自身のリーダーシップ育成における最も重要な要素として人々に瞑想を提唱しています。なぜかと言いますと、瞑想のプロセスを通して、複雑な問題を明晰に捉えることができるからです。瞑想はクリエイティブな思考の引き金なのです。しかし最も重要なのは、自分自身と他者へのコンパッションを育むのに瞑想が有益だったということです。私たちはみな、非常にストレスに満ちた生活を送っています。私にとって瞑想は、生活におけるストレスに対処して、立ち直る力を育むのに決定的に重要なものなのです。

コンパッションに満ちたリーダーが果たすべき最終的な役割は、利他的で社会に役立つ組織を作り上げることです。これが組織を維持する唯一の道であることに私は気づきました。これが自らの貢献を維持し、リーダーシップを維持する唯一の道なのです。鍵となるのは、顧客や従業員や投資家のための価値を、それもある種の永続的価値を組織が創出できるということです。これは長期的に優れたパフォーマンスを創出するのに不可欠な事柄です。このようなことをしなくても、短期的には多くのお金を手に入れることができるでしょう。しかし、長期的に成功したパフォーマンスを維持するにはこれが唯一の道なのです。

最後に、日々かかわりのある何千もの人々にポジティブなインパクトを与えることのできる、コンパッションに満ちた真正なるリーダーの新しい世代が必要だと私は考えています。こうしたことができるリーダーの育成に取り組まねばなりません。組織のトップに君臨するだけのリーダーではなく、組織内部のいたるところにいるリーダーを育成しなければなりません。日々の生活が社会を変え、組織と経済システムに利他をもたらすコンパッションに満ちたリーダーに、多くの人々はなることができるのです。

法王猊下のご助言をいただければと思います。世の中へ出て行き、組織を変える、強固な意思のあるコンパッションに満ちたリーダーをどのようにして育むことができるでしょうか？

ダライ・ラマ　重要な事実をご指摘いただいたと思います。それは、リーダーは生まれるものでも作られるものでもなく、養い育まれるものだということです。リーダーを育む一つの方法は、内面的な価値のトレーニングを行うことだと思います。多くのリーダーはこうしたことを耳にしたことがあるかと思いますが、確信をうるにはいたっていないでしょう。ですから、彼らは「あぁ、素晴らしいことですね」と言うかもしれませんが、自分たちには関係がないと思っているでしょう。仏教哲学の概念であり、世俗的に見てもまったく普遍的でありうる考え方ですが、すべては相互に依存し、相互に関連し合っているというものがあります。ですから、ふさわしいリーダーを育むことは、教育やその他の状況とも関連しているのです。

これから私が申し上げることに同意できない方がいらっしゃるかもしれません。以前に初めてエルサレムを訪れたとき、イスラエルのメディア関係者が私に会いにきて、ホロコーストについて話をしました。私は仏教徒ですから、仏教的観点からこう言いました。私は、ヒトラーのなかにさえもコンパッションの種があったと信じているのだと。幼少期のヒトラーは必ずしも邪悪ではなかったでしょう。しかし、さまざまな状況のなかで、ヒトラーはあのようになってしまったのです。私がテルアビブに着いたとき、「ダライ・ラマは、ヒトラーでさえもポジティブな人間だと考えている」と書き出されたニュースがあると知らされました。私が言いたかったのは、生まれた時点ではみな同じだということでした。善にも悪にもなる可能性がすべての人のなかに常に存在しているのです。

ポジティブな事柄を育んでいかねばなりません。ポジティブな感情は自分自身にとっても他者にとっても本当に有益です。温かい心や責任の感覚は、現代社会のすべての領域において明らかに重要な役割を担っています。こうした方向へと変えていける可能性を、神経科学者は大いに明らかにしてきました。トレーニングは力を発揮することができますが、それをするかどうかはその人次第です。教育やその他の領域で、いくつかの適切な計画を立てることが重要だと思います。

これは古《いにしえ》の時代でも真実だったと思いますが、社会全体において愛とコンパッションが重要だということを、みなわかっていたのだろうと思います。社会がそれらの尊さを認めているがゆえに、すべての主要な宗教的伝統はこれらの重要性について語っているのです。何千年もの間、そうしてきました。それから科学が現れ、技術が発明されました。祈っても、よいことが必ずしも直ちにやってくるわけではありません。たとえば今日の仏教徒は、来世をめぐって祈ることについて、「そんなこと、はるか先のことじゃないか」と考えているかもしれません。それに対して、技術はすぐに結果を出してくれますから、人々は自然にそれにとても興奮するのです。こうして、内面的な価値を忘れる傾向が始まったのだと思います。材料や物質はコンパッションとまったく関係がありません。しかしここ数世紀の間、私たちは物質的な事柄にとても興奮し、その即座に現れる有用性を経験してきました。

物質的価値に限界があることを、今や私たちは身をもって知るようになりました。そして多くの不可避の問題に直面しています。ですから私たちは、基本的な人間的価値を新しく評価し直して、それに徐々に立ち帰ろうとしています。私たちは相変わらず、痛みも喜びも経験する人間なのです。物質的価値や技術はその事実を変えることはできませんし、心の平安をもたらすことには及ばないでしょう。新しい経験、新しい関心、新しい意識を伴う変化が二〇世紀の後半に生まれました。今、二一世紀の始めに、立派な学者の方々が私たちの社会に根本的に欠けているものを指摘してくれています。これは希望の持てる素晴らしい傾向です。私たちの努力は、生きている間には目に見える形にならないかもしれませんが、何かを始めましょう。来《きた》る世代が続けられるように。今世紀中にはコンパッションに満ちたよりよい人間社会になっているかもしれません。そうすればコンパッションに満ちたリーダーシップも現れるでしょう。

結　語　コンパッションは贅沢品ではない

ジョアン・ハリファックス、
ダライ・ラマ法王、リチャード・ダビッドソン、ジョン・ダン、
エルンスト・フェールとともに

ジョアン・ハリファックス老師は、禅僧であり、また人類学の博士号を持つ文筆家である。彼女は、ニューメキシコのサンタフェにある仏教僧院ウパーヤ禅センターの創設者であり、共同僧院長や教頭を務めている。特に死についての瞑想的なケアに焦点を合わせて、仏教を応用している。

ジョアンは最後のセッションの司会を務め、リチャード、ジョン、エルンスト、ダライ・ラマ法王とともに、これまで数日間の議論を振り返り、利他に関する知性とジェンダーの役割とを含む、この会議中に出てきた諸問題について話し合った。ダライ・ラマ法王は世俗倫理を育むことがきわめて重要であることに改めて言及し、進展の希望に満ちた多くの徴候に感謝しつつ、

一連の会議を締めくくった。

ジョアン・ハリファックス　ダライ・ラマ法王猊下《げいか》、これが最後のセッションです。このたびの探究のために多くの時間を割いていただきましたことに、マインド・アンド・ライフを代表して感謝申し上げます。これはマインド・アンド・ライフでも本当に草分け的な取り組みです。私たちはこの取り組みがどのように展開するのかに興味がありました。この取り組みは、経済学と神経科学が手を携えた最初の機会だというわけではありません。しかし、このたびの対話はきわめて斬新なのです。アントワネット・フンジカー＝エブネターとサンジット・ブンカー・ロイのような方の意見をうかがって応用経済学について議論するのは素晴らしいことです。なぜなら、法王猊下が説法で説いておられるまさにその原則が、今日の世界において仏教徒でない人々に実践されているのを目の当たりにするからです。彼らはある種の生きる指針として利他に取り組み、人々のウェルビーイング（良き生のあり方）と環境に深い関心を抱いています。

もう何年も前に法王猊下がおっしゃった言葉を思い出します。その言葉は私個人の指針であり続けています。それは、「コンパッション（他者が苦から離れるようにとの思い、共苦）は贅沢品ではない。それは人間が生き残っていくための必需品なのだ」という言葉です。この考えは、今日私たちがここで行ったことを推進する原動力だと私は思っています。

私たちの探究の輪のなかに、もう一つの言葉を紹介したいと思います。これは昔のアメリカ合衆国大統領フランクリン・ルーズベルトの言葉です。彼はこう言いました。「私たちが重々承知しているように、無思慮な自己利益の追求は道徳的に悪いことだった。しかし今、それは経済的にも悪いことであることを私たちは知った」。

ですから今、私たちは次のような問題と隣り合わせにいるのです。物質的な繁栄と、人間と環境のウェルビーイングの両方をもたらす経済システムを描くことができるのか？　これを最もシンプルで直接的な問題に言い換えるなら、そのような経済システムは今存在しているのか、そしてそれを育んだり発展させたりすることはできるのか、ということです。この問題の底には、タニア・シンガーやリチャードその他の方々が探究してきたもう一つの問題があります。それは、利他、共感、コンパッションといったものは現代の経済的発展にどのような役割を果たすのか、ということです。

リチャード、タニア、ダニエル・バトソン、ジョーン・シルクのおかげで、私たちは、利他、共感、コンパッションの神経学的な基盤を探究するために、人間や動物の脳の内側を垣間見ることができました。また、エルンスト、リチャード、ウィリアム・ハーバーのおかげで、利他と寛容に関する経済学的主題を探究することができました。アントワネット、アーサー・ヴェイロイアン、ブンカー・ロイ、ウィリアム・ジョージのおかげで、グローバルな、そしてローカルな経済システムにおける精気ある努力を知ることができ、勇気づけられました。ジョン・ダンとマチウ・リカールのおかげで、利他とコンパッションに関する仏教的観点について知ることができました。

エルンストは、今日の世界における民主主義の価値と、民主主義が単なる物質にとどまらない公共財の領域に及ぼす影響に焦点を合わせました。これらは私たちがずっと探究してきた利他という領域でもあります。また、経済システムに対するこれらの影響において強い市民的規範の占める位置について見てきました。すなわち、エルンストがギリシヤにおける事例を取り上げ、大変興味深い仕方で利他的懲罰について話してくれた内容ですね。しかし、懲罰を必要とせずに利他的な経済システムを構築することは可能なのでしょうか？　これは私たちの多くが考えなければならない問題だと思います。

とても重要なことに、タニアとリチャードの二人が、より大いなる利他、より大いなるコンパッション、より大いなる共感、そして非常に複雑化した世界において立ち直るためのより大きな力を得るために、人間の心を実際に訓練することができるという事実について話してくれました。私たちは、共感、共感的配慮、共感的苦痛、利他、そしてコンパッションに関する神経科学的および社会心理学的な研究のいくつかに触れる機会を得ました。これらは今日の世界を良い方向へと変化させる根本的な心の質であり、それゆえ、ブンカーとアントワネットそしてアーサーの話を熱心にうかがったのだと思います。私たちは不意にこう思ったのです。「あぁ、健全な利他に基づいた経済システムを持つことができたなら。コンパッションに基づいた経済システムを持つことができたなら」と。

西洋人は非常にエビデンス（証拠）志向なので、瞑想実践や脳の働きの探究、コンパッションの神経基質などに関する先駆的な仕事を続けてきたリチャードに感謝したいと思います。リチャードには、私たちがカバーしてきたことのいくつかを要約してもらい、法王猊下との対話に入ってもらえたらありがたいです。

リチャード・ダビッドソン　ジョアンそしてダライ・ラマ法王猊下に感謝申し上げます。簡単な要約に入る前に、マインド・ランド・ライフのダライ・ラマ法王猊下との科学的対話が今回で二〇回目を迎えたことを申し添えたいと思います。これまでの長い道のりを振り返ると、私たちは多くの異なる科学的な分野と対話を進めてきたわけですが、経済学を議論の中心にしたのは今回が初めてです。ここで、私たちにインスピレーションを与えてくださった法王猊下に心より感謝の言葉を申し上げたいと思います。科学者や人文学者とこんなにも多くの時間をともにしてくれる世界的指導者は他にいません。この上なく幸せなことです。

ダライ・ラマ　実際、国家を背負って多くの仕事を抱えている他の指導者たちと私は違いますからね。すでに私は自由の身です。ですから、ある意味でヒマつぶしなのです！（笑）

ハリファックス　それこそ本当に謙遜ですよ！

ダビッドソン　今回の会議において鍵となるいくつかのテーマを要約し、この要約を通して、私たちの対話のなかからこれまでに出てきたいくつかの特定の問題について法王猊下に質問したいと思います。最初のセッションでは、共感と利他、そしてそれらの心理学的および神経科学的基盤について議論をしました。共感と連携して他者の助けになろうとする動因である向社会的動機が、より利己的な目標よりも、他者の役に立とうとする究極の目的に向かって方向づけられているという共感利他仮説について話し合いました。示されたエビデンス（証拠）は共感利他仮説を支持するものでした。すなわち、共感から生じた動機は利己的なものというよりも、むしろ利他的な動機なのだということです。

共感の神経科学的基盤についても私たちは学びました。他者が苦しんでいるのを目の当たりにした人は、実際に自分が苦しんでいるのと同様の脳の変化を示します。そこで議論になった脳の領域は、島皮質、あるいは内受容性に関する領域です。これは身体と重要な関連がある領域です。私たちはまた、他者が苦しむのを見て喜びを感じるシャーデンフロイデという概念についても学びました。これを観察できる実験は、不正を行った人が苦しむのを被験者が見るというものでした。男性（女性ではなく）は、不正を行った人が苦しむのを見たとき、脳の報酬に関する領域における変化を示しました。これらの変化は復讐の欲求と関連しています。

これは男性と女性との間で異なる事例の一つです。ブンカーは、男性は教育できないのだと語り、ソーラーエンジニアのお祖母《ばあ》さんについて見事に説明しました。そこでダライ・ラマ法王猊下におうかがいしたいのですが、ジェンダー間の違いについて仏教の伝統から私たちが何か得ることはあるのでしょうか？　これは、基礎研究におけるのと同じく、実践的な領域においても問題となる事柄です。法王猊下と共有できる何かがあれば、それをぜひ知りたいと思います。

ダライ・ラマ　すべてのニューロン、そして異なる心の状態——粗雑そして微細なレベルでの心とエネルギー——というものは、男女間において一〇〇パーセント同じだと私は思います。いくつかの異なる器官を除いて、男性と女性は基本的に同じです。仏教の場合、仏陀は根本的に平等な権利を両方のジェンダーに与えました。当時のインドではいくらかの性差別がありましたが、仏陀は男性と女性に対して平等に受戒の機会を与えました。もちろん、律の文献のなかには、当時の社会において男性の方が高い地位にあったために、僧院規則の性差別的な要素がいくつか見受けられます。[1]

トゥプテン・ジンパ　仏教の伝統では、一般的な意味において、男性――文法における男性――とコンパッションとを、女性と智慧とを関連づけて考えるということがあります。

ダライ・ラマ　人間そして動物さえもそうかもしれませんが、母親が最も慈愛に満ちた存在の例であるということが重要だと私は思っています。母親はあなたが受ける最大の愛情の源なのです。チベット語では、「マ・ギュル・セム・チェン・タムチェー」[2]、すなわち「母なるすべての有情《うじょう》（心を有する生けるもの）」と言います。この言葉は非常に力強く、ある種特別な響きを持っています。しかし、「父なるすべての有情」と言い換えるのにはやはり違和感があります。女性について何かしらの違いがあるのでしょう。まさにこの分野横断的な会議の結果、生物学的に女性の方が他者の苦しみにより敏感なのだということがわかりました。

みなさんの多くがすでにご存じのことと思うので、手短に述べます。大昔、おそらく数十万年前でしょう、リーダーシップという概念は人間の間に存在しませんでした。非常に小さなコミュニティがあって、そこでは父親も母親も全員がともに働き、所有しているものは何でもわかち合っていました。人口が増加すると、多少なりとも生活が洗練され、トラブルメーカーが現れるようになります。そこで、コミュニティをより安定させるために、リーダーシップの概念が発達したわけです。

当時は、教育というものがなく、他の動物と同様に、物理的な力だけが支配するための基礎でした。象の間では、母親たちが権勢をふるうリーダーです。私はよく知りませんが、メスの象の方がオスの象よりも少し力が強いのではないでしょうか。人間の間では、いずれにおいても、男性による支配が現れました。こう言ってよければ、いくつかの宗教的概念もまたその考え方を助長したのかもしれません。

コンパッションに基づくアヒンサーすなわち非暴力という考えや、宗教の調和という概念は、インドの受け継がれるべき財産です。ですから、私は自分自身がインドの遺産を受け継ぐ者であることを誇りに思います。最近私は自分のことをインドの息子だとも言っています。私の理解や考え方はインドのナーランダー僧院[3]の伝統に由来するこれらの価値に連なっています。そして物理的にも、この五一年間、私の身体はインドのダール豆、米、チャパティによって養われていますので、私はまさしくインドの息子なのです。私はインドの息子だと言うことをいつも誇らしく感じています。しかし、数日前に宗教的指導者の集まりがありまして、そこで私はこうも言いました。「これらは一〇〇〇年のインドの伝統を伝えていますが、インドにはいまだにカースト制度や差別が存在しています。憲法は平等を謳っていますが、数世紀前から続く悪しき社会的風習が幅を利かせています。こうしたことに目をつぶってはいけません。たとえインドの伝統文化の一端であるとしても、こうした閉塞的な事柄を変えるべき時がきているのです」と。まぁ、これは余談ですが。

私がさきほど述べたことに立ち帰ると、人類の歴史にわたって徐々に教育が重要な役割を果たすようになってきました。それによって男女の平等が推し進められてきました。とはいえ、男性が支配的な状況はいまだに存在します。ほとんどの指導者は男性でしょう。もはや、能力、ヴィジョン、知性、教育といったものだけでは不十分なのです。リーダーシップの質としてコンパッションに満ちた心が必要です。ですから今、私たちは利他やコンパッションの重要性について話し合っているわけです。単なる賢明な頭脳だけではなく、温かい心を育むべき時がきています。コンパッションの価値を推進するにあたっては、女性がより積極的なリーダーシップを発揮すべきです。

これはあくまで私の見解です。詰まるところ、指導者の多数派は女性に、よりコンパッションに満ちた女性になるでしょう。いくらかの女性はあまりコンパッションに満ちてはいませんが！

ハリファックス　その名前を挙げたくはないですね！

ダライ・ラマ　しかし、一般的に女性はよりコンパッションに満ちています。ですから、もし女性の指導者が多数派になれば、直面している困難を減らせるかもしれません。他者の利益を尊重し、対話の精神を持って当たれば多くの問題は簡単に解決できるのではないか、これが真実かどうかはわかりませんが、私は時々そう思うのです。しかし、「私は決して負けたり、過ちを受け入れたりしない」といった先入見を持った「私」が妨げになります。逆もまた然りです。どうしたら問題を解決できるでしょうか？　過剰な「私、私、私たち！」という意識を持った私たち男性は、多くの問題を解決するのを妨げています。ですから今こそ私たち男性が退く時なのです。

仏教的な考え方をすれば、もちろん私は仏教徒ですので仏教的な考え方のバイアスがかかっているわけですけれども、心を持つすべての生き物は平等です。そこでは性別や、さらには動物あるいは昆虫といった形態の違いも関係ありません。私はこのような仏教的な考え方を真摯に実践してはいますが、いまだに蚊とはうまく付き合えないことがあります。

ダビッドソン　それは、私たちのセッションでも議論した、共感とコンパッションとの関係の問題につながりますね。西洋の科学者が共感を概念化するときには、多くの場合、他者の苦痛の経験と関連づけます。あるいはより仏教的な枠組みでは、苦しみの耐え難い性質の経験と関連づけます。タニアがマチウとともに行ったfMRI（機能的磁気共鳴画像法）を用いたいくつかの予備的研究のなかで、共感からコンパッションへの移行は、マチウの経験の大きな変化に付随するものでした。そしてこれは、いわゆる「バーンアウト」と呼ばれるもの、すなわちコンパッションを欠いた共感の経験に対するいくつかの知見をもたらしました。

長期にわたる瞑想実践者と比較して、瞑想初心者がコンパッションの訓練を始めたときの脳における違いについて他の研究は示しています。これが法王猊下への質問につながるわけですが、コンパッションを育むよう訓練し始めるときに起きる変化や進展についてご説明いただけませんか？実践の後半の段階と比べて、前半ではどのようなことが起こるのでしょうか？　また、時間の経過とともにコンパッションの経験はどのように変化するのでしょうか？

ダライ・ラマ　共感のようなポジティブな感情には限界があります。私たちには知性の助けが必要です。知性は目的と目標をもたらします。一般的に言うと、苦しみを乗り越えることができるとわかれば、その苦しみへの関心はより強くより現実的になります。しかし、乗り越える可能性がなければ、関与や希望的観測、そして熱意の無さや困難の感覚といったものを抱くでしょう。そしてついには、無力感、落胆、意欲の喪失を感じることになるかもしれません。ですから、智慧とコンパッションの連携が不可欠なのです。この二つを併用しなければなりません。状況を理解し、苦しみを乗り越える方法があるかどうかを確かめるために自分の認知能力を用いることができるでしょう。状況をより良く理解できれば、苦しみに対処しようとする意欲をより良く強くすることができます。

共感やコンパッションの価値を認識すること自体は、智慧や気づきの機能だと思います。動物が自分たちの仲間を気にかける能力は非常に限られています。そこに知性が含まれているようには思いません。しかし、私たち人間は知性を持っています。別の日に私たちは、バイアスのかかったコンパッションと、そうではないコンパッションあるいは執着に基づかないコンパッションとの対比について触れました。バイアスのないコンパッションを育むには知性が必要ですから、これができるのは人間だけなのです。

なぜ、私たちはコンパッションを必要とするのでしょうか？　私たちの智慧あるいは知性は、コンパッションが心の強さや平安をもたらすのだと告げています。また、コンパッションは自分だけでなく、他者にとっても有益です。それに、コンパッションが欠如していることによる多くの不要な問題に直面しています。それに対処するのは知性の仕事です。その知性を育むためには、より幅広い視野で見ることのできるホリスティック（全体性・全体的）な方法を育む必要があります。

植物を考えて見てください。彼らには苦痛や快楽といった感覚はありません。しかし近年、同じ植物を二つ用意して、一方を罵り、他方を褒めると、褒めた植物の方がよく育つのだと言う科学者がいました。同じようなことを言う科学者が幾人かいますね？

ダビッドソン　それは科学者じゃないですよ！

ダライ・ラマ　科学者じゃないのですか？　あぁ、それならよかった。そういう答えが欲しかったのです。古典インドの哲学的伝統には、植物の命に関する議論があります。仏教では植物に苦しみや快楽といった感覚はないと説きますが、ジャイナ教は逆の立場です。

私たちは最初に苦痛が何であるかを知り、それから苦痛と快楽とを区別しなければなりません。それから私たち——人間に限らず、苦痛と快楽を経験する動物も含みます——は、苦痛を知っていますし、みんな苦痛を避けたがっています。仏教徒は因果の法則に従って苦しみについて分析します。苦痛はどこからくるのか？　苦痛の主たる原因と条件とは何か？　といったことですね。また、ある種の心的状態においては、肉体的苦痛でさえも深い満足をもたらすことがあり得ます。それはすべて、知性とホリスティックな見方によってもたらされるものです。知性を通して、肉体的苦痛に対して何らかの目的や有益性を見出し、それを精神的に受け入れるわけです。

二年前に私は手術を受けることになったのですが、そのときにいささか不安を覚えました。しかし、私の知性は手術が必要であると私に告げるわけです。それに、真摯な愛情を湛えた専門医の笑顔はとても効果的でした。私は安心することができたのです。

ホリスティックな見方、より広い観点は非常に重要です。それは確信と心の平安をもたらします。より穏やかでコンパッションに満ちた心が、自信と心の強さをもたらすのです。それはストレスや、緊張、不安、恐れを軽減します。ホリスティックな見方をすることなく、即時的な感情を抱くだけならば、コンパッションは馬鹿げているように思えるかもしれません。何も感じない機械の一部のように行動し、客観的で無関心なままの方がよいでしょう。完全に客観的で、何も感じない、それが科学的な方法です。

ダビッドソン　法王猊下、ありがとうございました。

ハリファックス　リチャード、ありがとうございました。エルンスト、お待たせしました。あなたにも大きな感謝を捧げたいと思います。あなたとタニアの共働と、あなたがチューリヒ大学で行っていることは、実に素晴らしい。それは、経済学の分野において革新的で、最先端のものです。今後の展望についてご意見をうかがえれば、ありがたいです。

エルンスト・フェール　このセッションのトピックは、研究と方策についての熟考、統合、将来への指針です。私の話は二つのパートに分かれます。一つ目は、今回の対話のなかで覚えておいていただきたい事柄です。この二日半の対話を通して私たちは何を学んだのでしょうか？　私たちの目の前には、いまだに非常に多くの問題が待ち構えています。それらについてもお話ししたいと思います。そして、ダライ・ラマ法王猊下にいくつか質問があります。これらの問題を解決するための助言をいただければと思います。

ジョーン・シルクの発表のなかで、人間と動物との間にいくつかの大きな違いがあることを理解しました。人間ではない動物において、利他的な行為は頻繁に見受けられますが、その対象は近しい親類や集団内のメンバーに限られます。私たち人間に最も近いチンパンジーにおいてさえ、他者に対する関心を持っているという見解について疑念を抱かざるを得ない重要なエビデンスがあるのです。

それは人間の場合とは大きく異なります。人間の利他は、動物の王国よりもはるかに先を行っています。なぜなら、利他の対象が近しい親類や集団内のメンバーに限定されないからです。人間は他者の福利に関心を持っているということを科学は示してきました。名も知らない他人に対してさえ、私たちは利他を拡げることができるのです。

しかしながら、人間におけるこの利他的な行為は、他者が利他的かどうかによって条件づけられることがよくありますので、善し悪しです。とはいえ、これは希望が持てる理由でもあります。なぜなら、私たちの利他的な行為は、よい例となって、利他を為すよう他者を促すからです。しかし、利己的な振舞いをする人々がいると、それは悪い例となってしまいます。善い例と悪い例とが競い合うなかで、善い例を育んでいく方法を見つけなければなりません。

私たちはこの二日間で、人間の脳には利他が組み込まれているということを見てきました。それは単に行為のレベルにとどまりません。自分が物質的な利益を得たときに活性化する脳の報酬領域と同じ場所が、利他的に行動して他者に利益を与えたときにも活性化します。これはさらなる希望が持てる理由です。好ましい方向へ自分たちの生物学的な特質を変化させる機会があるということです。利他的な行動が自分たちを幸福にすることをほのめかすエビデンスもあります。

これらの事実は、行動科学や社会科学においてますます知られるようになっています。二〇年前に私がこれらの問題について研究し始めたとき、同僚から軽蔑的で見下したような笑顔を向けられました。しかし、今となってはそうした研究はより広く受け入れられています。それは洞察に富んだ科学であって、少なくとも経済学においては、「憂鬱な科学」から「立派な科学」へと転換するちょっとした革命的な出来事だと言えるかもしれません。

人間が動機と行為において利他の能力を持っているという事実をもし考慮に入れなければ、どうやって社会が成立しているのかまったく理解できないということも見てきました。市場がどうやって機能しているのかも理解できませんし、組織、政治、家庭生活についても同様に理解できません。もし人間の資産のわかち合いが利他的な傾向を持っているということを無視するならば、人間の進化さえも理解できなくなります。すなわち、もし私たちの世界を前進させたいなら、私たちの利他的な性質を考慮に入れる必要があるのです。

より多くの科学者がこのより広い視野に立つようになって、幸福研究も増加しました。現在は、研究の大きな体制があって、幸福にとって重要な事柄を教えてくれています。もはや、根拠のない憶測などではないのです。発展した経済においてもそうですが、特に発展した経済において——発展途上の経済においても——幸福の主たる源は、配偶者や友人、同僚との良好な関係にあります。良好な社会関係を維持することが要なのですが、現行の経済システムはそのことに充分な価値を与えていません。これは大変重要なことです。良好な社会関係を維持できるように働かねばなりませんし、よりそのようにしていくためには、インセンティブ（誘因）を変え、できることなら私たちの性格を変えていかねばなりません。

それに考慮に入れておかねばならないさまざまな障害があります。人間の幸福にとって主たる障害の一つは、羨望です。リチャード・レイヤードの発表のなかで出てきましたし、他の幸福研究も羨望が幸福の障害になると指摘しています。興味深いのですが、この事実を受け入れるのはいくぶん厄介でもあります。しかし、自分と比べて相手がより多くのものを手に入れると、自分が苦しみを感じるのは事実です。これは非常に破壊的な感情で、どうやってそれを克服できるかを考えなければならない重要な問題です。

これは私にとって難題です。私たちは多くのことを学びましたし、幸福の障害になるものについても知っています。ではどのような困難があるのか？　ここで私がお話しすることはとても個人的な事柄です。私たち人間は、非常に強く信じているものについては、それが真実であるかどうかを知ることなく、自分自身を納得させる能力を持っています。私自身もその例外ではありません。私自身の科学者としてのキャリアを振り返ると、先入見を持っていましたし、私が信じていた事柄のいくつかが誤っていたことを学ばねばなりませんでした。ですから、開かれた姿勢を保ち続け、本当に知っていることと単に信じていることとを明確に区別できることが非常に重要です。そうした精神的態度で、これらの難題に立ち向かおうと思います。

私の見解のなかで答えられていない問題の一つは、利他において時と状況を超えた根強い性格的特徴があるのか、そしてもしあるのであれば、その性格的特徴はどのように説明されるのかということです。どの要因が利他的な性格を形作るのでしょうか？　この問いは、どのようにして人の性格を変えることができるのかという問題に直結します。同様に、正しい教育によって利他を育むことができるようになるのでしょうか？　私はできると信じています。信じていますが、できるかどうかはわかりません。おわかりの通り、私はそう信じたい、つまりそれが真実になって欲しいわけです。しかし、もし私が正直者であれば、「わかりません」と言わねばならないのです。私たちは羨望を避けることができるでしょうか？　あるいは羨望は人間の本質の一部なのでしょうか？　もし、羨望を避けることができるならば、どのようにすればよいのでしょう？　変化にかかる時間はどれくらいなのでしょう？　小さな子どもを部屋に閉じ込め、食事を与えはしますが、一二年間独りきりにして放置し、一切の社会的関係を断ってしまうと、その子どもは言語を話すことができなくなります。長期間にわたって他の人間との社会的関係を剝奪された子どもは、以後、言語を習得できなくなるようです。ですから言語習得に必要となる重要な時間的制限があるわけですね。では、利他を育むための重要な時間的制限はあるのでしょうか？　正直に言えば、わかりません。

少なくともこの会議において、そしてダライ・ラマ法王猊下にとって、最大の問いかけとなるかもしれないのは、利他的な社会を育むのに私たちは仏教徒になる必要があるのか、ということです。私は仏教徒ではありませんので、それを知りたいのです。仏教において重要で、西洋でも応用可能な、私たちが取り入れることのできる最良の部分は何でしょうか？　私たちが達成したいこと、いわばより利他的な人々やより善い社会を実現するのに要となるのはどのような事柄なのでしょうか？

ハリファックス　ダライ・ラマ法王猊下、エルンストの最後の質問は本当に重要なものです。少し時間をとっていただいて、非仏教圏にも応用可能で、市民社会を生み出すのに役立つものが仏教のなかにあるのか、ご意見をいただければと思います。

ダライ・ラマ　二〇〇〇年以上もの間、異なる諸宗教がこの地球上で共存してきました。インドは特によい例だと思います。インドには世界中の主要な伝統が存在しています。人間の性向は多様ですから、私たちにとって異なる宗教が必要なのは明らかです。

ジャイナ教と仏教には創造主という概念がありません。その代わりに因果の法則を信じていますが、これはダーウィンの進化論にかなり近いのではないかと私は思っています。主要な宗教的伝統――キリスト教、イスラーム、ヒンドゥー教、ユダヤ教――は、創造主としてのある種の神の概念を持っています。これらの伝統では、創造主を中心に置き、創造主に対する非常に強い信仰を持つことで、極端に自己中心的な「私」という感覚やエゴを抑えます。神に自分自身を完全に捧げることによって、すべての生きとし生けるものは神によって創られたとわかり、それが敬意と愛を育む理由に自ずとなります。ムスリムの友人の一人がこう言っていました。「本当のムスリム、本当にイスラームを実践している人というのは、すべての生きとし生けるものを愛さねばなりません。なぜならすべての生きとし生けるものはアッラーによって創られたからです」と。それが彼らの道であり、それで十分なのです。仏教における無我という概念は、それとは異なったアプローチですが、同じ効果を持っています。

しかし問題なのは、こうしたことを知ったとしても、真剣に捉える人はいないかもしれないということです。他にも、信仰を持たない人々が多くいて、彼らは人口の大半を占めているかもしれません。多くの科学者は無信仰者なのではないでしょうか。もちろん、なかには非常に信心深い科学者もいます。私の導師といっても過言ではない物理学者カール・フォン・ヴァイツゼッカーはとても信心深い方でした。

利他や共感が欠如していることによって直面している問題を減らすために、すべての人間は利他や共感を必要としていますが、それは必ずしも宗教的信仰の一部である必要はありません。私たちは根本的な原因に立ち向かわねばならないのです。それが今、私たちに課せられた仕事です。そうすべき時がきています。この集団の人々の問題であるとか、別の集団の人々の問題であるとか、そういうことではなく、七〇億人すべての人々の問題なのです。宗教を基盤にしてこれらの事柄を推し進めようとすれば、それは普遍性を持ち得ません。現実的に考えれば、世俗的で包括的な観点に基づいて利他や共感の価値を促進する方法を見つけなければならないという結論にいたります。すべての主要な宗教的伝統は似たような基盤を持っています。

仏教についてですが、さきほどナーランダー僧院の伝統、あるいはサンスクリット仏教の伝統について触れました。これには三つの側面があります。科学的側面、哲学的側面、宗教的側面、この三つです。仏教の宗教的側面は脇に置いておきましょう。仏教思想の科学的側面では、心と感情に関する非常に詳細な説明がなされています。哲学的側面は、先に述べました縁起すなわち相互依存の概念ですね。創造主や究極の単一な要素という概念はありません。すべては原因と条件によって生じ、すべてが関係しあっていると考えます。これが、コンパッションや思いやりに満ちた社会や人間性が必要であることを示す仏教的概念であり、仏教の宗教的側面と関係づける必要はありません。キリスト教徒のままで、あるいは無信仰者もしくは反宗教的立場に立ったままで、この概念に接することができます。もし、あなたがすべての宗教は悪いものだと本心から思っているとするなら、より親切な人になるべきです。なぜなら、あなたの幸福は他者の幸福とつながっているからです。あなた自身の利益を考えるなら、他者のウェルビーイングに配慮すべきです。

仏教の科学的な説明は、感情についてのより充分な知識を提供することができるでしょうし、訓練によって感情の傾向を変えることができると科学者が示すのに大いに役立つと思います。これらはとてもよい成果です。観想によって、私たちの思考や知覚の方法を実際に変えることができるということが明らかに示されています。それは事実であって、単なる幻想でもなければ、無批判的な信仰でもありません。それに観想は、仏教の宗教的実践を要求するものではなく、心への取り組み方やすべてが相互に関係しあっているという仏教的概念についてより多くの情報を提供することのできる仏教科学の側面なのです。

神が中心であり、絶対であると強く信じている人々にとっては、すべてが相互に関係しあっているという仏教的概念は問題になるかもしれません。キリスト教徒の友人の一人で、聖職者のブラザー・ウェイン（Brother Wayne）は、素晴らしい仕事をしています。彼は空《くう》や縁起《えんぎ》という仏教の概念に興味を示していました。私と彼はよく知る間柄ですから、私は彼に「仏教の概念はあなたには関係のないことですよ」と言いました。なぜそう言ったのかと言いますと、神への信仰を持っている人が仏教の概念を深く探究することによって、その人にとっての神への信仰や帰依に影響を与えてしまうかもしれないからです。私はそうしたくはありません。

非常に多くの異なる宗教的伝統があるわけですが、ときには、一神教を信じる人々が神をあまりに強調し過ぎることがあります。私たちはすべての宗教に敬意を抱いていますし、諸宗教の伝統が数千年にわたってきわめて多くの人々に貢献してきたことを称賛します。それが、諸宗教に対する敬意、称賛、感謝の十分な理由です。しかし、仏教思想の重要な哲学的観点からは、創造主の概念について厳密な批判がなされてきました。古典的な仏教思想の訓練を受けた人――私は時々、自分自身を頑固な仏教徒だと言っています――のように、私は有神論を批判する論理的な主張にどっぷりと浸かっています。しかしながらこれは、素晴らしい有神論的な精神的伝統に対して、仏教徒が敬意や、時には崇敬さえも持つことを妨げるものではありませんし、妨げるものであってはなりません。

では、利他的な社会を育むために仏教は不可欠なものなのでしょうか？　そんなことはありません。しかし、仏教からテクニックや知識を取り入れることは可能です。以上が私の見解です。

ダビッドソン　五〇年ほど前の西洋文化圏のほとんどの人々は、定期的な身体的トレーニングを行っていませんでしたので、科学的研究は定期的な身体的トレーニングが健康によいことを示そうとし始めました。今日では、多くの人々が毎週の予定に身体的トレーニングを取り入れていますし、そうしている人々は身体的トレーニングが単に二、三カ月で結果が出るようなものではないことを知っているので、老後のためのトレーニングを満喫しています。トレーニングは継続する必要があります。

心のエクササイズや訓練もまた、脳や身体に有益な効果をもたらすことができると、科学的研究は示し始めています。この種の定期的な訓練の重要性をより多くの人々に納得してもらえるよう、この科学的研究が役立って欲しいと思っています。ダライ・ラマ法王猊下におうかがいしたいのですが、身体的エクササイズと同じように、心のエクササイズを人々が毎週の予定に取り入れるようになるための手助けとなる事柄は何かあるのでしょうか？　身体的エクササイズと同様の方法で人々が心のエクササイズを実践するような近い将来を思い描くことはできるでしょうか？

ダライ・ラマ　どうお答えすればよいのか難しいですが、一つだけ言えることがあります。すでにそうしている方々もいらっしゃいますが、私たちは世俗倫理を現代の教育システムに導入する方策についてより一層研究しなければなりません。昨年カナダのモントリオールで、ケベック州に数ある教師養成学校を代表する約四〇〇人の学生と会いました。そのときのテーマは、教師は宗教に拠ることなく倫理的な教育について考えるようになることができるのか、というものでした。

ジンパ　これは部分的には、伝統的な宗教教育を「倫理と世界の宗教文化」と呼ばれる新しい教育課程に置き換えたケベック州教育委員会からの指示によるものです。

ダライ・ラマ　そうした動きは今、非常に重要だと感じています。幼稚園から大学にいたる現代の教育システムに世俗倫理をどのように導入するのか、これについてはより多くの研究が必要です。こうしたカリキュラムにおいて、ここにいる専門家のみなさんが現実の経験と観察から持ちよった新しい知見は重要になるでしょうし、その価値が理解されるようになるでしょう。同時に、みなさんのような科学者が研究活動を続けるべきです。問題は、さきほどのマチウ・リカールのように、科学者の研究への瞑想実践者の参加は非常に限定的なものになってしまうということです。

かつて私がヒンドゥーのヨーガ行者と会ったとき、体温を維持するトゥンモ瞑想のような瞑想経験をいつかわかち合うときがくると言ったことがあります。彼らは何カ月もの間、温かい衣服無しで体温を維持し、雪深い山中で過ごすことができます。彼らの経験をわかち合うのは個人的な名声のためではなく、ヨーガや瞑想の実際の効果を他の人々に示すためです。仏教徒の実践者だけではなく、他の伝統の実践者も同様です。キリスト教の伝統のなかにいくつかの深い瞑想実践があって、ギリシヤのいくつかの地域で伝統的なキリスト教の瞑想が実践されていると聞きました。しかし残念なことに非キリスト教徒や、時に女性にも実践は許されていません。ですから、私やジョアンにはそこに行って実践する機会がないわけです。

ハリファックス　その状況はきっと変わると信じています。では次にジョン・ダンにお話をうかがいたいと思います。ジョン、あなたの仏教経済学に関する話は、包括的あるいは完全な経済学を理解するために不可欠なものでした。今日の午前中の議論を踏まえて、まとめていただければと思います。

ジョン・ダン　ジョアン、ありがとうございます。私から付け加えるべきことがあるかどうかわかりませんが、法王猊下のクロージング・コメントを楽しみにしています。ここでみなさんのお話をうかがって、私はとても勇気づけられました。希望が持てる理由は多くあります。利他は人間の根源に備わっているだろうというお話でした。仏教には利他を育む効果的な技法があることもわかりました。仏教の技法を世俗的なものにして多くの人が用いるようにできる可能性についても、実験によるエビデンスがありました。

昨日の質疑応答のとき、いくつかの興味深いトピックスがありましたが、それについて私は勇気を出して指摘したいことが二つあります。一つ目は、心の経済学というときに、幸福の原因に関してわかりにくいということです。そのわかりにくさについて、仏教は西洋文化圏の私たちにある課題を突きつけます。それは、チベット語の「ドゥチュン・チョクシェー」(4)、すなわち「少欲知《しょうよくち》足《そく》」という言葉に表れています。つまり、私たちにとって文化的に課題となるのは、私たちが気晴らしの生活を送り、心の経済学を顧みる時間を持てないほど、非常にどっぷりと物質的な経済学に浸かっているということです。「少欲知足」を言い換えるならばこうなります。「より少なく買いましょう」。

この考えは経済学の会議ではふさわしくないかもしれません。しかし、ここには繰り返し出てくる別の課題、私たちにとって文化的に重要な課題があるのです。自己という観念やアイデンティティという観念がこの数百年を経て変わってきたということについて、今では人々のなかでコンセンサスがあるかと思います。かつては、相互依存している自己という観念を持っていたものでした。この観念について、数百年前の偉大なキリスト教神秘主義者マイスター・エックハルトに立ち帰ることができるでしょう。彼は「私は、私が信じることができないかもしれない神に祈る」と言っています。絶対的なものの観念やアイデンティティの観念に固執する認識は、利他を育むうえできわめて重要な相互依存や相互連関についての理解にとって障害だったのです。

私たちは、よりアトム化し個人化するようになった西洋で長い間過ごしてきました。私たちにとっての文化的な課題の一部は、自己についてのそうした概念やそれを取り巻く文化的慣習に対処するために仏教の智慧を用いることです。そうすることで、真の相互連関がより容易に花開くでしょう。こうして私たちを前進させるような研究課題やプロジェクトを進めていける見込みがあると思います。私は非常に楽観視しています。

ハリファックス　ダライ・ラマ法王猊下、最後に締めくくりのお言葉をいただけますでしょうか。

ダライ・ラマ　何を申し上げればよいかわかりませんが、すでに重要な点は出尽くしているように思います。今回のそれぞれのセッションやこれまでのマインド・アンド・ライフ・インスティテュートの会議は、きわめて勇気づけられるものでした。少なくとも参加者の間では、この世界の現状に満足していないということがわかりました。

私たちは自分たちが作り出した多くの不必要な問題に直面しています。たしかに誰も問題を望んでいないわけですが、そんな私たち自身が自分たちの問題の原因になることがよくあります。どうしてでしょうか？　第一に、私たちが無知だからです。ここで言う無知とは、ホリスティックな見方や理解が欠如しているという意味です。第二に、私たちは内面的な価値に充分な注意を払うことを忘れているからです。そのために、私たち人間はお金と機械の奴隷のようになってしまいました。そうした人間のあり方について多くの知識人は疑問を持ち、何が誤っているのか、そしてこれらの問題に対処するためにどんな方法があるのかを問い始めています。これはとても素晴らしい兆しだと思います。人類の発展や進化は常にそうやって起こってきました。ですから、とても勇気づけられたわけです。私自身大変多くを学ばせていただきました。しかし残念ながら、さきほど学んだことはすべて忘れてしまいました！（笑）よくないですね。それにしても、この会議は素晴らしいものでした。聴衆のみなさんは何らかの新しい考え方や見方を得られたかと思います。

また、ご家族やご友人とさらに議論や探究を深めていただくこともできるかと思います。人々と交流したり、記事を書いたり、時にはテレビで話をすることもあり得るかもしれませんね。そうやって議論していくことができます。惨めな生活を送る人が、それを克服する方法を知らないということがままあるのです。ですから、ここでの議論は最終的にもっと公にされるべきです。そうすれば、ますます多くの人々が内面的な価値に関心を持つようになるでしょう。なかには心のストレスを軽減できる人もいるかもしれません。ストレスを減らし、人々が幸せになるのを手助けすることが、私たちの貢献であり、ゴールです。

遅かれ早かれ、私たちはこの世から去らねばなりません。ここに座っている方々の誰が最初に逝くかはわかりませんが、この領域への私たちの貢献は来《きた》るべき世代に役立つものと思っています。ありがとうございました。

注

序　思いやりの経済学に向けて

（1）マインド・アンド・ライフ・インスティテュートについて詳しく知りたい方は、www.mindandlife.org を参照のこと。

（2）本書の第六章と一〇章を参照のこと。

（3）第七章を参照のこと。

（4）第八章と一一章を参照のこと。

（5）第八章を参照のこと。

（6）Kasser, Tim. 2003. *The High Price of Materialism*, Cambridge : MIT Press.

（7）Smith, Adam. (1776) 2008. *The Wealth of Nations*, New York: Oxford University Press, book 1, chapter 2.

（8）Edgeworth, F. Y. (1881) 1967. *Mathematical psychics, an essay on the application of mathematics to the moral sciences*, Reprints of Economic Classics. New York: Augustus M. Kelley Publishers, 16.

（9）第三章と五章を参照のこと。

（10）第一四章を参照のこと。

（11）第九章を参照のこと。

（12）第一章を参照のこと。

（13）第六章と一〇章を参照のこと。

（14）Stiglitz, Joseph E. 2012. *The Price of Inequality: How Today's Divided Society Endangers Our Future*, New York: W. W. Norton & Company.

（15）第八章を参照のこと。

（16）マインド・アンド・ライフ・インスティテュートの出版物とリサーチ・イニシアティブを参照のこと。

第一章　利己–利他論争

（1）La Rochefoucauld, F., Duke de. 1691. *Moral maxims and reflections, in four parts*, London: Gillyflower, Sare & Everingham, maxim 82.

（2）Mandeville, Bernard. 1732. *The fable of the bees: or, private vices, public benefits*, London: J. Tonson, 42.

第二章　共感と内受容性皮質

（1）イントロダクションにあるように、本章はチューリヒにおいてタニアが行った二つの異なる発表を一つにまとめたものである。会議での発表後に継続された研究成果に基づいて本文と図を最新のものに改訂してあるが、テーマや対話はチューリヒで行われた議論を忠実に収録したものである。

（2） Lamm, C., J. Decety, and T. Singer. 2011. "Meta-analytic Evidence for Common and Distinct Neural Networks Associated with Directly Experienced Pain and Empathy for Pain," *NeuroImage* 54 (3): 2492-2502.

（3） 第三章を参照のこと。

（4） 第六章を参照のこと。

第三章　コンパッションの神経基盤

（1） 「四無量心」（四梵住）とは、仏教における四つの徳目すなわち、慈（有情が幸福であるように欲すること）・悲（有情が苦しみから離れるように欲すること）・喜（有情の幸福をともに喜ぶこと）・捨（有情に対して平静な心を保つこと）である。

第五章　生存のための生物学的要求

（1） この出来事は、一九九六年八月にイリノイ州ブルックフィールドにあるブルックフィールド動物園で起こった。そのゴリラはBinti Juaと名づけられた。同様の出来事は、一九八六年にジャージー動物園でJamboという名前のゴリラと少年との間で起こっている。

第六章　社会的ジレンマ実験

(1) Stigler, George J. 1981. "Economics or Ethics?" In *Tanner Lectures on Human Values*, vol. 2, edited by Sterling McMurrin, Cambridge: Cambridge University Press.

(2) Williamson, Oliver E. 1985. *The Economic Institutions of Capitalism*, New York: Free Press, 47.

第七章　仏教経済学事始め

(1) ワイリー方式でチベット文字をローマ字転写すると *kun slong* となる。

(2) ワイリー方式でチベット文字をローマ字転写すると *gzhan phan gyi kun mlong* となる。

(3) ワイリー方式でチベット文字をローマ字転写すると *spyod 'jug* となる。

(4) サンスクリット原文は *yadā mama pareṣāṃ ca tulyam eva sukhaṃ priyam / tadātmanaḥ ko viṣ́o yenātraiva sukhodyamaḥ* である。Śāntideva. 1960. "Bodhicaryāvatāra of Śāntideva with the Commentary Pañjikā of *Prajñākaramati*." *In Buddhist Sanskrit Text* no. 12, edited by P. L. Vaidya. Darbhanga: The Mithila Institute of Post-Graduate Studies and Research, chapter 8, verse 95.

(5) ワイリー方式でチベット文字をローマ字転写すると *ma gyur sems can thams cad* となる。

(6) サンスクリット原文は *ye kecid duḥkhitā loke sarve te svasukhecchayā / ye kecit sukhitā loke sarve te 'nyasukheccahyā* である。*Ibid.*, chapter 8, verse 129.

（7） ワイリー方式でチベット文字をローマ字転写すると *'phags pa'i nor bdun* となる。

（8） Heim, Maria. 2004. *Theories of the Gift in South Asia*, London: Routledge.

（9） Rotman, Andy. 2008. *Thus Have I Seen: Visualizing Faith in Early Indian Buddhism*, New York: Oxford University Press.

（10） ワイリー方式でチベット文字をローマ字転写すると *sbyin pa gtong ba* となる。

第一〇章　利他的懲罰と公共財の創出

（1） Herrmann, Benedikt, Christian Thöni, and Simon Gächter. 2008. "Antisocial Punishment Across Societies." *Science* 319 (5868): 1362-1367. doi:10.1126/*science*. 11 53808.

第一一章　マイクロファイナンスは何を為しうるか？

（1） 会議後、正確なデータは知られていないが人口は七〇億人に達した。国連は二〇一一年一〇月三一日に七〇億人目の赤ん坊が生まれたとしている。BBC News World. 2011. "Population Seven Billion: UN Sets Out Challenges," Accessed 22 May. [2014?] http://www.bbc.co.uk/ news/world-15459643

（2） Chaia, Alberto, Tony Goland, and Robert Schiff. 2010. "Counting the World's Unbanked," McKinsey Quarterly, Accessed 22 May. [2014?] http://www.mckinseyquarterly.com/Counting_the_ worlds_ unbanked_2552

（3）図11・1を参照のこと。

（4）responsAbility より。

（5）Bourguignon, François, and Christian Morrisson, 200 2. "Inequality among World Citizens: 1820-1992," *The American Economic Review* 92(4): 727-744. http: //www.jstor.org/stable/3083279

第一三章　ベアフット・カレッジ

（1）インドのデラドゥンにある、一九三五年に設立されたエリート男子寄宿学校ドゥーン・スクール（Doon School）はラジーヴ・ガンディー元首相を始めとする多くの政治家、学者、ビジネスエリートを輩出している。パンチェン・ラマはチベット仏教においてダライ・ラマに次ぐ高僧である。

（2）セント・ステファンズ・カレッジは一八八一年に設立されたキリスト教系大学である。ドゥーン・スクールのように、多くの優秀な卒業生を輩出しているエリート校である。

（3）ビハール州北部では一九六五年から六七年にかけての飢饉で、二五〇〇人が亡くなった。ジャヤプラカーシュ・ナーラヤンはビハール州生まれの著名な活動家・政治的指導者であった。

結語　コンパッションは贅沢品ではない

（1）律（vinaya）とは仏教の出家者共同体を運営する上で定められた、出家者に適用される規律である。

（2）ワイリー方式でチベット文字をローマ字転写すると *ma gyur sems can thams cad* となる。

（3）インドのビハールに位置し五世紀から一二世紀に隆盛を誇った仏教大学ナーランダー僧院のこと。

（4）ワイリー方式でチベット文字をローマ字転写すると *'dod chung chog shes* となる。

謝辞

この会議の実施と本書の発刊にあたってお力添えいただいたみなさまに、編集者より御礼申し上げます。

まず、惜しみない支援、励まし、導きをくださり、マインド・アンド・ライフ・インスティテュートの活動に長い間取り組んでいただいたダライ・ラマ法王猊下《げいか》に感謝申し上げます。法王猊下の智慧、コンパッション、教訓は、私たちの仕事と生活のすみずみに絶え間ないインスピレーションを与えてくださっています。

すべての講演者とパネリストの知恵、親切、寛容と、この会議と本書のためにご準備くださったことに深く感謝申し上げます。会議のプログラムを組み立てるのに、アイデアやつながりをシェアしてくださった多くの友人たち、特にニナ・チェンジャ（Nina Cenja）、アンネ・リュフェル（Anne Ruffer）に感謝申し上げます。また、その熟達したスキルで法王猊下の通訳として尽力してくださったトゥプテン・ジンパに特別の御礼を申し上げます。

本書を世に出すにあたって辛抱強く手引きしてくださり、マインド・アンド・ライフ・ヨーロッパを躍動的に主導して鼓舞してくださった、ディエゴ・ハンガートナー（Diego Hangartner）に深く感謝申し上げます。

多くの方々が本書の制作に貢献してくださいました。このプロジェクトの最初の段階で素晴らしい編集をしてくださったザラ・ホースマンド（Zara Houshmand）とケイト・ベダル（Kate Beddall）に感謝申し上げます。本書を最終的に仕上げてくださった編集者ジャンナ・ホワイト（Janna White）は、その巧みな手腕をいかんなく発揮してくださいました。彼女の思慮深い取り組み、著者たちとの共働、イントロダクションのための調査と執筆に心より感謝申し上げます。

イントロダクションの着想は、リチャード・レイヤードとサンジット・ブンカー・ロイとの話し合いのなかから生まれました。彼らの素晴らしい見識に感謝申し上げます。ルウィス・デイヴィス（Lewis Davis）とアンディ・ロットマン（Andy Rotman）は、イントロダクションに関して洞察に満ちたフィードバックをくださいました。ジョン・ダンはチベット語のフレーズをすべての読者に理解できるようにしてくださいました。

この会議を実現するために共働してくださった多くの方々、ご参加いただいた方々、ご支援くださった方々に感謝申し上げます。また共催してくださったチューリヒ大学、特にエルンスト・フェール、クラース・エンノ・ステファン、タニア・シンガーによって創設され、社会的選好と感情を経済モデルに導入しようという神経経済学の継続的な努力のための社会神経システム研究所（Laboratory for Social and Neural Systems Research）に感謝申し上げます。また、タニア・シンガーのサポートスタッフにも感謝申し上げます。彼らは会議のプログラムを前進させ、マインド・アンド・ライフ・インスティテュートの現場スタッフの力になってくださいました。

マインド・アンド・ライフ・インスティテュートを財政的に支援してくださる多くの維持会員の方々やゴールド・スポンサーとシルバー・スポンサーの方々に感謝申し上げます。マインド・アンド・ライフ・インスティテュートのスタッフの方々は数多くの細かい事柄に気を配り、この会議を実現してくださいました。特に専門的なサポートと尽力をしてくださった、スイスのニナ・ディラー（Nina Diller）に感謝申し上げます。

最後に、貢献してくださった、すべての方々の智慧とコンパッション、そして本書の知識と精神によって、この世界に幸福が実現されるよう願っています。

マインド・アンド・ライフ・インスティテュートについて

マインド・アンド・ライフ・インスティテュートは、ダライ・ラマ法王、神経科学者のフランシスコ・ヴァレラ、アントレプレナーのアダム・エンゲルによって、一九八七年に共同設立された。その目的は、現代科学、今も息づく瞑想の伝統、哲学、人文学、社会科学の間での開かれた対話と研究共働を行うことである。マインド・アンド・ライフ・インスティテュートの活動は、人間の心を分析し知るためには、統合的で多分野的な研究共働が最も効果的なアプローチだという信念に基づいている。そうした分野横断的なパートナーシップを通して、現実の本質についてのより完全な理解を育むことで、この地球上の苦しみを軽減し、ウェルビーイングを促進する。

過去二五年にわたって、マインド・アンド・ライフ・インスティテュートは、統合的な分析の発展を牽引し、瞑想を基礎にした実践が脳や人間の生態や行動に及ぼす影響を探究する研究領域を開発してきた。

マインド・アンド・ライフ・インスティテュートの仕事は、厳密な科学的研究、心と人間の質についての対話、学究的で瞑想的な実践、新しい研究者世代の育成と科学的分析の継続的なサポートを通して、心の分析を拡げ、かつ深めることである。

マインド・アンド・ライフ・ヨーロッパは、瞑想の科学や瞑想研究を国際的かつ分野横断的なレベルで確立し支援するためのグローバル戦略において必要不可欠である。個人から組織へと関心が高まるのに応じて二〇〇八年に設立されたマインド・アンド・ライフ・ヨーロッパは、意識の研究と瞑想の実践をヨーロッパで発展させるために、ニーズを評価し、戦略を実施し、プログラムを促進している。マインド・アンド・ライフ・ヨーロッパは、その最初のパブリックな対話を二〇一〇年四月に開催した。本書はその記録である。

プログラムとイニシアティブ

マインド・アンド・ライフ・インスティテュートは、瞑想の智慧や実践と、現代の科学的研究の可能性との間に橋を架けて統合し、そうして得られた知見を用いて、苦しみを軽減し、人生の開花をサポートするためのプログラムを実施する。インスティテュートはそうした目標を支援する、多くのプログラムを後援する。

ダライ・ラマ法王との対話

長年にわたってマインド・アンド・ライフは二五回以上のプライベートな、あるいはパブリックなイベントをダライ・ラマ法王とともに、インド、アメリカ、ヨーロッパで実施してきた。最もよく知られているものは、一九八七年に始まり、ダラムサラで半年ごとに行われるダライ・ラマ法王とのプライベート・ミーティングである。二〇〇三年以降、マインド・アンド・ライフはパブリック・ミーティングも主催してきた。過去と今後実施予定のイベントはマインド・アンド・ライフのホームページ（https://www.mindandlife.org/）で確認できる。

出版

本書を含め、ダライ・ラマ法王とのミーティングの報告書一二冊が書籍として出版されている。それらのなかには、シャロン・ベグリー（Sharon Begley）による *Train Your Mind, Change Your Brain* (Ballantine Books, 2007)〔邦訳『「脳」を変える「心」』茂木健一郎訳、バジリコ、二〇一〇年〕、ダニエル・ゴールマン（Daniel Goleman）による *Destructive Emotions* (Bantam Doubleday, 2002)〔邦訳『なぜ人は破壊的な感情を持つのか』加藤洋子訳、アーティストハウスパブリッシャーズ、二〇〇三年〕、そしてジョン・カバット・ジン（Jon Kabat-Zinn）とリチャード・ダビッドソン（Richard Davidson）による *The Mind's Own Physician* (New Harbinger Publications, 2012)〔未邦訳〕が含まれている。出版物の全リストはマインド・アンド・ライフのホームページ（https://www.mindandlife.org/）で確認できる。

サマー・リサーチ・インスティテュート

二〇〇四年以降、マインド・アンド・ライフ・サマー・リサーチ・インスティテュート（ＭＬＳＲＩ）が、ニューヨークのギャリソンにあるギャリソン・インスティテュート（The Garrison Institute）で年一回開かれている。ＭＬＳＲＩの長期的目標は、発達科学者、認知／感情の神経科学者、応用／臨床研究者、瞑想実践者／学者の新しい世代のトレーニングを推し進めることにある。マインド・アンド・ライフ・ヨーロッパは、二〇一四年に最初のヨーロッパ・サマー・リサーチ・インスティテュートを開催するつもりである。さらなる情報はマインド・アンド・ライフのホームページ（https://www.mindandlife.org/）を参照のこと。

研究助成プログラム

マインド・アンド・ライフ・インスティテュートは、瞑想科学の分野で進行中の研究をサポートするいくつかの助成プログラムを持っており、ヴァレラ賞、一四四〇賞、瞑想研究フェローシップ（Contemplative Studies Fellowship）がある。これらの賞は、八〇以上の新しい試験的な研究イニシアティブを促進してきた。さらなる情報はマインド・アンド・ライフのホームページ（https://www.mindandlife.org/）を参照のこと。

瞑想研究のためのシンポジウム

マインド・アンド・ライフ・インスティテュートとマインド・アンド・ライフ・ヨーロッパは、瞑想研究のためのシンポジウムを年二回行っている。これらのシンポジウムは、瞑想研究という新しい分野における研究発表、議論、共働的なネットワークのために学者を招いている。それには、神経科学、臨床科学、比較哲学、人文学、瞑想教育、経済学、そしてこれら研究分野と関連する、影響力を持つ瞑想実践の領域が含まれる。

マインド・アンド・ライフの未来

マインド・アンド・ライフは、研究と発展の新しい段階に入っており、それは応用とコミュニケーションに焦点を合わせるものとなる。新しい研究イニシアティブのための主要領域のいくつかは、「心の地図を描く」（Mapping the Mind）、「渇望、欲望、そして専心」（Craving, Desire, and Addiction）、そして世界中で世俗倫理の教育を促進するためにダライ・ラマ法王が呼びかけた「世俗倫理」（Secular Ethics）が含まれる。これらすべてのイニシアティブの目標は、人生の開花を促すことにある。

これらの研究イニシアティブのサポートに加え、マインド・アンド・ライフは、誰でもアクセスし応用することができるように、分野横断的な研究を通して得られた洞察や成果を体系的に伝えることに取り組むつもりである。

登壇者一覧

ダライ・ラマ一四世テンジン・ギャツォ

チベット仏教の指導者であり、世界中から崇敬されている精神的指導者。一九八九年にノーベル平和賞受賞。紛争の平和的解決に向けたスポークスマンとして世界から尊敬を集めている。それほど知られていないが、科学に対してきわめて強い関心を持っている。マインド・アンド・ライフ・インスティテュートの共同設立者であり、もし僧侶になっていなければ、エンジニアになりたかったと語っているほどである。科学の最新成果を学ぶことにきわめて意欲的であり、科学的発見の人文学的な含意と高度な方法論的洗練との両方を兼ね備えた見解を提示している。

ダニエル・バトソン博士

実験社会心理学者、カンザス大学名誉教授。*Altruism in Humans* (Oxford University Press, 2011)〔邦訳『利他性の人間学——実験社会心理学からの回答』菊池章夫・二宮克美共訳、新曜社、二〇一二年〕の著者。利他的な動機の存在、宗教の行動的帰結、道徳的感情の本質に焦点を合わせた研究を行っている。

リチャード・ダビッドソン博士

ウィスコンシン大学マディソン校教授、心理学・精神医学者。脳イメージングと行動のためのワイズマン研究所

（Waisman Laboratory for Brain Imaging and Behavior）所長、健康心理研究センター（Center for Healthy Minds）創設者・会長。一九九一年からマインド・アンド・ライフ・インスティテュート理事。瞑想の実践が脳に与える影響に関する科学的研究の先駆者。

ジョン・ダン博士
エモリー大学宗教学部准教授。Emory Collaborative for Contemplative Studies の共同設立者。仏教哲学、認知科学、瞑想実践といった多様な側面に焦点を合わせた研究を行っている。チベット人学者の通訳をたびたび務めている。

エルンスト・フェール博士
チューリヒ大学経済学部長・教授。専門はミクロ経済学・実験経済学。経済学、社会心理学、社会学、生物学、神経科学の知見を組み合わせ、近代経済学の社会学的・心理学的側面に光を当てる研究を行っている。

ウィリアム・ジョージ経営学修士（ＭＢＡ）
ハーバード・ビジネス・スクール教授。専門は経営管理。リーダーシップ育成と倫理を教えている。メドトロニックの元会長・ＣＥＯ。彼のリーダーシップの下で、会社の時価総額が各年平均三五パーセント増し、一一億ドルから六〇〇億ドルにまで上昇した。

ジョアン・ハリファックス老師・博士

禅僧、人類学者、文筆家。ニューメキシコ州サンタフェにある仏教僧院ウパーヤ禅センターの創設者・共同院長・教頭。社会参加仏教・応用仏教、特に死についての瞑想的ケアに焦点を合わせている。

ディーゴ・ハンガートナー薬学博士

チューリヒ工科大学で、向精神薬とその心に及ぼす影響について研究し、薬学を修める。心を分析する仏教的方法論に出会って後、インドのダラムサラで一一年間を過ごすなかでチベット語を学び、通訳として働き、僧侶向けの科学ワークショップを牽引してきた。二〇〇九年から一二年までマインド・アンド・ライフ・インスティテュートのチーフ・オペレーティング・オフィサー。現在、マインド・アンド・ライフ・ヨーロッパのディレクター。

ウィリアム・ハーバー博士

オレゴン大学教授。専門は経済学。人々が慈善の寄付を行う理由を研究している。その研究のなかで、経済理論から fMRI ニューロイメージングにいたる方法を用い、「ウォーム・グローの動機」が寄付への強いインセンティブ（誘因）であることを示そうとしている。

アントワネット・フンジカー＝エブネター経営学修士（ＭＢＡ）

グッドガバナンスや社会的・環境的責任を含む投資機会に焦点を合わせた独立系資産管理会社 Forma Futura Invest Inc. のＣＥＯ・共同設立者。これまでにスイス証券取引所を率い、最初の汎ヨーロッパ証券取引所 Virt-x

のＣＥＯを歴任してきた。

トゥプテン・ジンパ博士

伝統的なチベット仏教僧院で教育を受け、最高学位であるゲシェー・ラランパ（西洋の神学博士に相当）を得る。またケンブリッジ大学より哲学学士および宗教学博士も受けている。一九八五年以来、ダライ・ラマ法王の専属通訳を務めている。チベット古典研究所（Institute of Tibetan Classics）所長、マインド・アンド・ライフ・インスティテュート理事長。

リチャード・レイヤード卿・博士

ロンドン・スクール・オブ・エコノミクス名誉教授。専門は経済学。Centre for Economic Performance（CEP）の創設者・ディレクターを歴任し、現在はＣＥＰのウェルビーイング・プログラムを率いている。失業、幼児期、メンタルヘルス、ウェルビーイングにわたる研究はイギリス内外の政策に影響を与えてきた。

マチウ・リカール博士

ネパールのカトマンドゥにあるチベット仏教シェチェン僧院の僧侶。パストゥール研究所で細胞遺伝学の博士号取得。高僧であるカンギュル・リンポチェ、ディルゴ・キェンツェ・リンポチェの下で学んだ。一九八九年以来、ダライ・ラマ法王のフランス語通訳を務める。作家・写真家として多くの作品を制作し、その収益と彼の多くの時間を、チベット、ネパール、インドでの人道的なプロジェクトに費やしている。

サンジット・ブンカー・ロイ

インドの教育者、ソーシャル・アントレプレナー（社会起業家）、活動家。農村の問題を解決するために伝統的な土着の知識を用いるべきだという考えに基づくオルタナティヴ（代替的）な私設教育機関ベアフット・カレッジ（Barefoot Callege）の創設者。その革新的な教育モデルは五四カ国に広まっている。

ゲルト・スコベル

学術修士。フランクフルト、およびバークレーの連合神学大学院（Graduate Theological Union）で神学と哲学を学ぶ。一九八八年に、ドイツ初の公共テレビとラジオの放送局ARDで、ドキュメンタリー映画の監督およびさまざまな科学・文化番組のホストを務める。ドイツのテレビネットワーク 3sat での週一回の番組『スコベル』は科学・文化から社会問題までを扱っている。子ども向けの本二冊と智慧についてのファクトブックの著者。

ジョーン・シルク博士

アリゾナ州立大学人間進化社会変革学部教授。カリフォルニア大学ロサンゼルス校の人類学部元学部長。自然選択（淘汰）が非ヒト霊長類における社会的行動の進化をどのように形成するのか、そして和解、協力、友情、親の投資、向社会的感情などの人間社会で重要な役割を果たす能力の進化のルーツに関心を持つ。

タニア・シンガー博士

二〇一〇年より、ドイツのライプツィヒにあるマックス・プランク認知神経科学研究所社会神経科学部ディレクター。マインド・アンド・ライフ・インスティテュート理事。社会的認知の神経基盤、ホルモン基盤、発達基盤、感情制御能力、社会的意思決定における動機と感情の役割について調査している。また、精神的訓練と瞑想が、脳とその主観的・行動的可塑性に与える影響についても研究している。

アーサー・ヴェイロイアン博士

一九九二年から二〇一二年にかけて、クレディ・スイスの役員を歴任。クレディ・スイスのプライベート・バンキング管理委員会元委員、プライベート・バンキング・スイス部門およびグローバル対外資産運用部門の元部門長。ナノテクノロジー、イノベーション、マイクロファイナンスに特に関心がある。

辻村優英

1980年奈良県生まれ．神戸大学経済経営研究所ジュニアリサーチフェロー．京都大学博士（人間・環境学）．専門は宗教学．総合地球環境学研究所技術補佐員，京都大学人文科学研究所共同研究員，京都大学こころの未来研究センター共同研究員，立命館APU 非常勤講師，高野山大学密教文化研究所受託研究員，神戸大学経済経営研究所助教等を経る．主な著作に，『ダライ・ラマ 共苦（ニンジェ）の思想』（ぷねうま舎），“The Politics of ‘Compassion’ of the Fourteenth Dalai Lama: Between ‘Religion’ and ‘Secularism’,” *(Journal of Buddhist Ethics)*,「選択の合理性について――wise self-interest の仏教経済倫理」（『宗教と倫理』），「ダライ・ラマ14世の経済・社会思想」（『サンガジャパン』Vol. 24），「ダライ・ラマ14世における『最大多数の最大幸福』について」（『宗教と倫理』），「ダライ・ラマ14 世における『宗教と社会貢献』――『宗教』概念と『利他主義』について」（『宗教と社会貢献』），「科学と仏教における方法論的親和性について――ダライ・ラマ14 世の思想を中心に」（『高野山大学密教文化研究所紀要』），“Suffering as a Gift: Compassion in the Fourteenth Dalai Lama,” *(ACTA TIBETICA ET BUDDHICA)* など。

訳者はこれまでダライ・ラマ14世の思想を中心にコンパッション（共苦）と利他をめぐる研究を行ってきた．コンパッションとは，他者が苦しみから逃れるようにとの思いである．本書『思いやりの経済学』では、他者の苦しみに向き合い，共感することによって生まれるコンパッションと利他が，経済の文脈で論じられている．しかもそれは，神経科学・生物学・経済学・心理学・宗教学といった文理両方にまたがる，複数分野における世界トップレベルの学術的探究と，企業・NGO・社会活動家等の社会的実践との分野横断的な対話を通して描き出されている．自己利益のみの追求を前提とした従来のモデルが見直され，近年ますます注目を浴びるようになった利他の経済を考えるうえで不可欠となる多角的な論点が一冊に凝縮されている．本書を，このたび，広く一般に日本語でアクセスできるよう訳出する．

カクイチ研究所

東西の文化と思想が出会う冒険フィールドとして創設．

現在の主な活動――①「アーシング」の普及と事業創造，②軽井沢の研究場「スピラ」にて，敬愛するサティシュ・クマールの「ソウル，ソイル，ソサエティ」の理念のもと、植物栽培実験を実施中．土壌微生物の縦断コホート研究を生かす地域コラボレーションを提言．③その他，専門分野の枠を越える研究情報を発信する．ホリスティック研究双書を刊行．現在，「いのち」を語る絵本を制作中．公益性の高い事業への転換を模索する．

図版出典

図１　共感利他実験.

Batson, C. D., B. Duncan, P. Ackerman, T. Buckley, and K. Birch. 1981. "Is empathic emotion a source of altruistic motivation?" *Journal of Personality and Social Psychology* 40: 290–302, table 3.

図２・１　他者感情の理解.

Singer, T. and G. Hein. 2012. "Empathy in humans and animals: An integrative approach," In *The Primate Mind*, edited by F. B. M. de Waal and P. F. Ferrari. Cambridge: Harvard University Press.

図２・２Ａ　脳における苦痛と苦痛への共感.

Lamm, C., J. Decety, and T. Singer. 2011. "Meta-analytic evidence for common and distinct neural networks associated with directly experienced pain and empathy for pain," *NeuroImage* 54 (3): 2492–2502.

図２・２Ｂ

Bernhardt, B. C., and T. Singer. 2012. "The neural basis of empathy," *Annual Review of Neuroscience* 35: 1–23.

図２・３　コンパッションを抱いた脳の可塑性.

Klimecki, O. M., S. Leiberg, C. Lamm, and T. Singer. 2012. "Functional neural plasticity and associated changes in positive affect after compassion training," *Cerebral Cortex*, Advanced Online Publication, doi:10.1093/cercor/bhs142.

図３・１、３・２　ボクセルワイズ３要因相互作用：感情価の状態によるグループ（脳画像）.

Lutz, A., J. A. Brefczynski-Lewis, T. Johnstone, and R. J. Davidson. 2008. "Regulation of the neural circuitry of emotion by compassion meditation: Effects of meditative expertise," *PLoS ONE* 3 (3): e1897. doi:10.1371/journal.pone.0001897.

図５・２　チンパンジーは他者にとって良い選択肢を選ぶのか？

Silk, J.B. 2008. "Social preferences in primates," In *Neuroeconomics*:

Decision Making and the Brain, edited by P. Glimcher, C. Camerer, E. Fehr, and R. Poldrack, London: Elsevier, 267–282. Image by Ruby Boyd.

図6・2　人は利他的な返礼をなすか？

Naef, Michael, Ernst Fehr, Urs Fischbacher, Schupp Jürgen, and Gert Wagner, unpublished data. *Decomposing Trust: Explaining National and Ethnic Trust Differences.*

図8・1　幸福と収入の変遷（アメリカ）.

Layard, Richard. 2011. *Happiness: Lessons from a New Science* (Second edition), London: Penguin, 281–282.

図8・2　幸福と収入（アメリカ）.

Gallup Daily Poll.

図8・3　資本主義は間違っているのか？

Diener, E and E. M. Suh, eds. 2000. *Culture and Subjective Well-Being*, Cambridge: MIT Press, 168.

図8・4　均等と信頼.

Wilkinson, R. and K. Pickett. 2009. *The Spirit Level: Why More Equal Societies Almost Always Do Better*, London: Allen Lane/Penguin, 52.

図9・1　利他的供給関数.

Harbaugh, William, Ulrich Mayr, and Daniel Burghart. 2007. "Neural Responses to Taxation and Voluntary Giving Reveal Motives for Charitable Donations," *Science* 316: 1622. doi:10.1126/science.1140738.

図10　公共財実験.

Fehr, Ernst and Simon Gächter. 2000. "Cooperation and Punishment in Public Goods Experiments," *American Economic Review* 90 (4): 980–994.

図11・1　財政的ニーズのヒエラルキー.

Forma Futura Invest Inc.

図11・2　四つのグローバルな進化・革命.

Otto Scharmer.

図12・1　世界は良くなっている.

World Bank 2008, http://data.worldbank.org/topic/poverty.

マチウ・リカール、タニア・シンガー編
思いやりの経済学
ダライ・ラマ14世と先端科学、経済学者たち

2019年6月25日　第1刷発行

訳　者　辻村優英《つじむらまさひで》
装　画　ワタナベケンイチ
装　幀　わたなべひろこ
企画・構成　カクイチ研究所
http://ja.kakuichi-institute.org

発行者　中川和夫
発行所　株式会社 ぷねうま舎
〒162-0805　東京都新宿区矢来町122　第2矢来ビル3F
電話 03-5228-5842　　ファックス 03-5228-5843
http://www.pneumasha.com

印刷・製本　株式会社ディグ

ISBN 978-4-906791-88-0　　Printed in Japan

ダライ・ラマ 共苦《ニンジェ》の思想
辻村優英
四六判・二六六頁 本体二八〇〇円

共感する人
——ホモ・エンパシクスへ、あなたを変える三つのステップ——
ローマン・クルツナリック
田中一明・荻野高拡 訳
四六判・三七六頁 本体二八〇〇円

人類はどこへいくのか
——ほんとうの転換のための三つのS〈土・魂・社会〉——
サティシュ・クマール
田中万里 訳
四六判・二八〇頁 本体二三〇〇円

障害を抱きしめて
——もう一つの生き方の原理 インクルージョン——
鈴木文治
四六判・二四〇頁 本体二三〇〇円

ちいろば園と歩んだ25年
——障がい者と「共に生きる」社会を目指して——
高見敏雄
四六判・二一〇頁 本体一八〇〇円

「支配しない男」になる
——別姓結婚・育児・DV被害者支援を通して——
沼崎一郎
四六判・二五六頁 本体二四〇〇円

養生訓問答
——ほんとうの「すこやかさ」とは——
中岡成文
四六判・二一〇頁 本体一八〇〇円

となりの認知症
西川 勝
四六判・二〇〇頁 本体一五〇〇円

〝ふつうの〟サルが語るヒトの起源と進化
中川尚史
四六判・二一六頁 本体二三〇〇円